浪花朵朵

[美]蒂莫西·库尼博士等 著 韩冬 译 浪花朵朵 编订

美国小学标准科学教材

美国科学

SCOTT FORESMAN SCIENCE

地球科学·第三级

内容科学顾问：
美国国家航空航天局

海峡出版发行集团
THE STRAITS PUBLISHING & DISTRIBUTING GROUP
福建教育出版社

图书在版编目（CIP）数据

美国科学. 地球科学. 第三级 / (美) 蒂莫西・库尼博士等著；韩冬译；浪花朵朵编订. -- 福州：福建教育出版社, 2018.9（2022.10重印）

ISBN 978-7-5334-8152-0

Ⅰ. ①美… Ⅱ. ①蒂… ②韩… ③浪… Ⅲ. ①地球科学—小学—教材 Ⅳ. ①G624.61

中国版本图书馆CIP数据核字(2018)第104298号

美国科学・地球科学・第三级

Meiguo Kexue Diqiu Kexue Di-san Ji

作　　者：[美] 蒂莫西・库尼 等
译　　者：韩　冬
编　　订：浪花朵朵
出 版 人：江金辉
责任编辑：雷　娜
美术编辑：邓伦香
筹划出版：后浪出版公司
出版统筹：吴兴元
特约编辑：张亚婕
营销推广：ONEBOOK
装帧制造：墨白空间・张莹
经　　销：新华书店

出版发行：福建教育出版社
（福州市梦山路 27 号　邮编：350025　http：//www.fep.com.cn
编辑部电话：0591-83726290　发行部电话：0591-83721876/87115073，010-62027445）

印　　刷：天津雅图印刷有限公司
开　　本：889 毫米 × 1194 毫米　1/16
印　　张：9
字　　数：119 千字
版　　次：2018 年 11 月第 1 版
印　　次：2022 年 10 月第 2 次印刷
书　　号：978-7-5334-8152-0
定　　价：60.00 元

读者服务：reader@hinabook.com 188-1142-1266
购书服务：buy@hinabook.com 133-6657-3072
投稿服务：onebook@hinabook.com 133-6631-2326
网上订购：www.hinabook.com（后浪官网）

科学

以全新视角解读学习

注：本页目录的内容有助于培养学习者的科学思维与科学实验探究能力，编者认为至关重要。因各模块重复，现将具体内容放至《美国科学·太空与技术·第三级》一书中。敬请查看。

单元 A 生命科学

第一章　植物及其生长方式

第二章　动物如何生存

第三章　动物和植物都生活在哪里

第四章　生活在一起的植物和动物

单元 B 地球科学

第一章 水

水的形态如何变化？

天气有什么样的模式？

第二章 天 气

第三章　岩石和土壤

岩石和土壤有哪些种类？

力如何改变地球表面?

第四章　地球上的变化

第五章 自然资源

人们如何负责任地使用自然资源？

单元 C 物理科学

单元 D 太空与技术

提示

请各位读者在阅读本书之前，首先学习《美国科学·太空与技术·第三级》第 vi–xviii 页的内容。

第一章　水

Chapter 1　Water

你将学习

- 为什么所有的生物都需要水。
- 地球上有多少水。
- 水的状态如何变化。
- 怎样净化水。

背景知识

水的形态如何变化？

第一章
词汇

实验园地

指导探究

探索 地球的水在哪里？

如果把地球上的水全部都装在一个瓶子里，会是什么样的？

地球的水	瓶子里的水（总共2200 mL）
大气（淡水）	约$\frac{1}{2}$滴
湖泊、河流和小溪（淡水）	约4滴
地下水（淡水）	13 mL
冰盖和冰川（淡水）	47 mL
海洋（咸水）	2139 mL

材料

2 升的塑料瓶装满水

4 个杯子

滴管和纸胶带

漏斗和量筒（或量杯）

做什么

1. 给 4 个杯子分别贴上标签。
2. 从表格中找到大气对应的水有多少。从瓶子里取出相应量的水，放入标有“大气”的杯子里。

3. 对其他地方的水重复相同的步骤。需要的话可以使用漏斗。
4. 给瓶子标上“海洋”。

过程中的技巧

思考原因和结果可以帮助你做出**推论**。

解释结果

推论 人们为什么要合理利用淡水？

如何阅读科学

阅读技巧

原因和结果

原因导致事情发生，**结果**就是发生了什么。科学作家经常使用“因为”“所以”“由于”以及“结果”等线索词语来标识原因和结果。以下例子可以帮助你做出**推论**，为什么人们应该合理使用淡水。

科学文章

干净的小溪

工厂为人们制造东西，但它们经常用水并导致水变脏。把污水排入到河流中会对野生生物以及我们的供水造成危害。因此，政府制定法律来减少这种危害。这些法律帮助保护我们的环境。

运用

画一个与右图类似的组织图，用它来列出上文中的三个原因和一个结果。

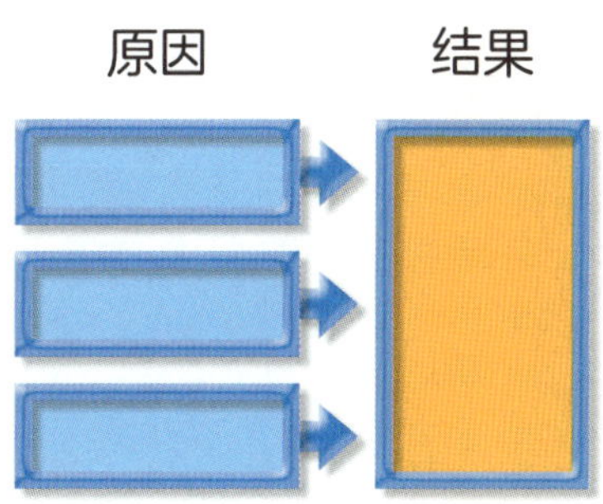

你在现场

乌云遮住了灿烂的阳光，雨滴一滴滴落在了湖面上。顷刻间，大雨倾盆而下，打湿了你的头发和衣服。只可惜人类不像鸭子，有一身防水的羽毛。被淋湿可能让人很不愉快，不过为什么水会如此重要呢？

第一课

水为什么如此重要？

如果必要的话，人可以放弃糖果和电视，但却不能没有水。如果没有水，人只能生存几天时间。

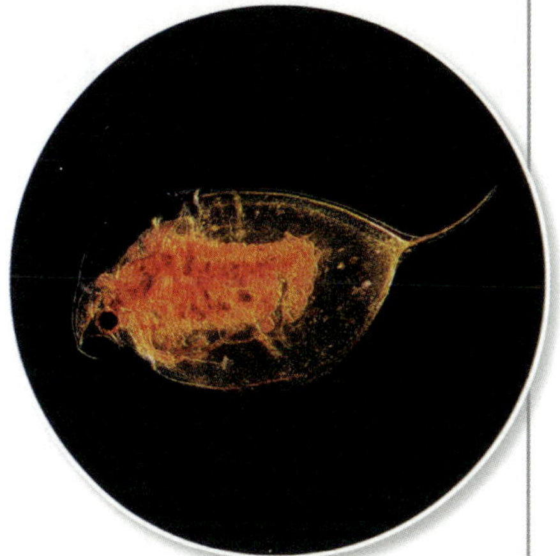

水蚤非常小，这张照片是通过显微镜拍摄的。

生物与水

从参天大树到小小蜗牛，生物的生存和生长都离不开水。绿色植物需要水来合成养料，鱼和一些动物需要水里的氧气来呼吸。

人体大约三分之二是由水组成的。水对于身体的每个部分都有重要作用。比如，水帮助把食物消化成细小的颗粒。血液中的水将人体所需的物质运输到身体各个部分，也把身体各部分的废物带走。

水帮助你的身体维持适当的体温。如果气温降低怎么办？身体里的水分会保存热量，让你保持温暖。如果身体太热，人就会出汗，汗里的水分会带走身体的热量。

有些生物必须一生都生活在水里。很多这样的生物体型都非常小，例如水蚤，体长不足1.5毫米，一般生活在池塘和湖泊中。

1. 检测点 水如何帮助你生活？
2. 科学中的健康 为什么喝水很重要，尤其是在运动后？

水的用途

人们利用水的方式有很多。湖泊、河流和海洋为我们提供鱼和贝类。农民用水灌溉作物，这些水一部分来自降雨，一部分通过管道沟渠流入农田。

水流产生的能量可以用来发电。人们在河上建立大坝和发电厂。奔流的水推动涡轮机的叶轮，产生电流。这些电流可以通过电线传输到很远的地方。

我们还可以利用水来运输和娱乐。巨轮载着货物从一个地方到另一个地方。人们可以在池塘里划船，也可以远洋航行，还可以漂流、游泳，或者划独木舟。水可以给人们带来巨大的乐趣。

大多数植物通过根部吸收水分来生长。

1. **检测点** 列举人们使用水的三种方式。
2. **原因和结果** 如果我们不保护淡水资源，会出现什么后果？

水的用途

饮用

人们需要喝水，所有的动物也都需要喝水。这只黑斑羚正在咕嘟咕嘟地喝水。

食物

水提供了食物。人们从海洋中捕获动物。有些鱼生活在海底，有些在船上就能看到。渔船可以捕捞海藻和鱼类。海藻可以作为人和动物的食物。

作物和农田

在世界上很多地方，农民需要灌溉土地。他们将水引入田地，这些水可以让农民在很多本不生长作物的地方种植庄稼。在美国，三分之一的用水是灌溉用水。

工业

工厂在许多方面需要使用水。水被用于清洁食物和厂房内部，以及造纸和炼钢。大部分生产制造用水之后又被排放回河流中。

发电

水可以用来发电。流水或蒸汽可以推动涡轮，涡轮机是用来产生电力的特殊发动机。电力可用于照明、取暖以及驱动机器。

水的星球

人们把地球称作“蓝色星球”，因为地球表面的四分之三（75%）都被水覆盖。

地球上大部分的水都是咸的海水。海水中的盐有些来自海底的岩石，有些是从陆地冲刷进海洋的。这些盐与水混合，使得海水不能被饮用、洗衣服或灌溉植物，也不能用于工业生产。

水存在于很多地方。一些水进入地下；一些冻结成冰；还有一些成为空气中看不见的气体，叫作**水蒸气**。云就是由水蒸气凝结而成的小水滴组成的。

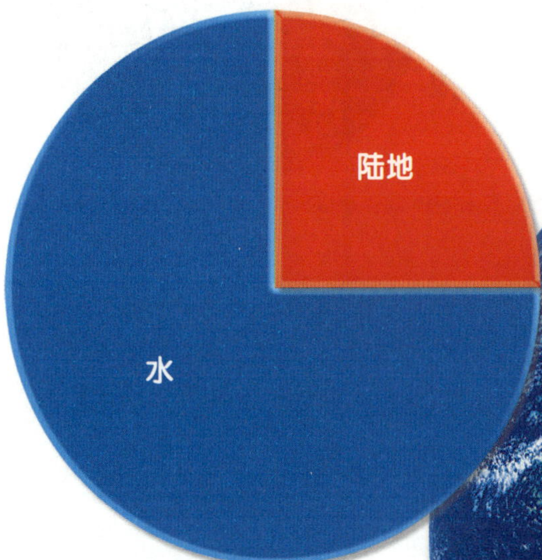

地球表面约75%被水覆盖，约25%是陆地。

淡水

淡水中的盐分很少。我们需要饮用淡水。地球上的水只有很少一部分是淡水，而且大部分淡水都冻结成冰，分布在南北极附近。

很多湖泊、河流和小溪都能提供淡水。小溪汇集成河流，河流可以流进或流出湖泊。

我们使用的淡水中有一些来自地下。水缓慢地渗入土壤，蓄积在地下岩石的空隙中，这种水叫作**地下水**。人们可以通过挖井的方式获取地下水。

在一些地方，地下水的水位非常接近地表。如果一年中至少有部分时间，水浸没地表，那么这些地方就叫作**湿地**。

湿地是很多动物的家园。它能够吸收额外的水，从而防止洪水。湿地中有一些水渗入土壤，能够补充地下水供给。

泉水是流出地面的地下水。

淡水冻结成巨大的冰块。这是靠近南极洲的冰山。

小溪可以汇聚成大的溪流和河流。

本课检测点

1. 为什么说淡水很重要？
2. 淡水的四种来源是什么？
3. 科学写作 **描述** 在**科学日记**中写一段话，描述你在水边的时候，看到了什么？听到了什么？感觉到了什么？

第二课

水的形态如何变化?

追踪一滴水一年的时间。某天，这滴水随溪流冲下山；之后，它在池塘里冻成了冰；后来，它又漂浮到空中。在这个旅程中，水经历了多种变化。

水的形态

寒冷的天气可以让水从液体变成固体。在有些地方，全年气温低于0℃。在另一些地方，一年中只有部分时间天气很冷。而在这些地方，只有当气温非常低的时候，水才会结冰。

水冻结的时候，体积会膨胀。右边瓶子里的水已经冻结成冰了，它把瓶盖都胀开了，瓶壁也鼓起来了。

在温暖的春季和夏季，沼泽中的水保持液态。这片沼泽的气温是多少华氏度？多少摄氏度？

水也可以变成气体，被称为水蒸气。液体变成气体的过程叫作**蒸发**。太阳能使地表水蒸发，于是水就变成了空气中的水蒸气。人们看不到水蒸气，但可以在炎热的夏天感受到它的影响。人体中的一部分水以汗液的形式从皮肤上的毛孔排出。但是如果空气中水蒸气含量较高，汗液便不容易蒸发。这时，人们就会感到身上黏糊糊的。

空气中的水蒸气也可以变回液态，这个过程叫作**凝结**。当空气遇冷，看不见的水蒸气会凝结成水滴。小水滴形成了云和雾。在植物上凝结形成的水珠就是露珠。

在寒冷的冬天，沼泽中的水会结冰。沼泽的气温是多少华氏度？多少摄氏度？

空气中的水蒸气在植物上凝结成露珠。

1. 检测点 水的三种形态是什么？
2. 科学中的数学 在春季和冬季，沼泽地的气温相差多少？分别用华氏度和摄氏度写出结果。

地球上水如何运动

地球上水的总量是一定的，必须重复使用。水从地表进入大气，又回到地表的运动过程叫作**水循环**。水循环源源不断地为我们提供淡水。

水循环的过程中，水会改变形态。太阳能和风使水蒸发，变成水蒸气。

降雨只是降水的一种形式。

降雪也属于降水。

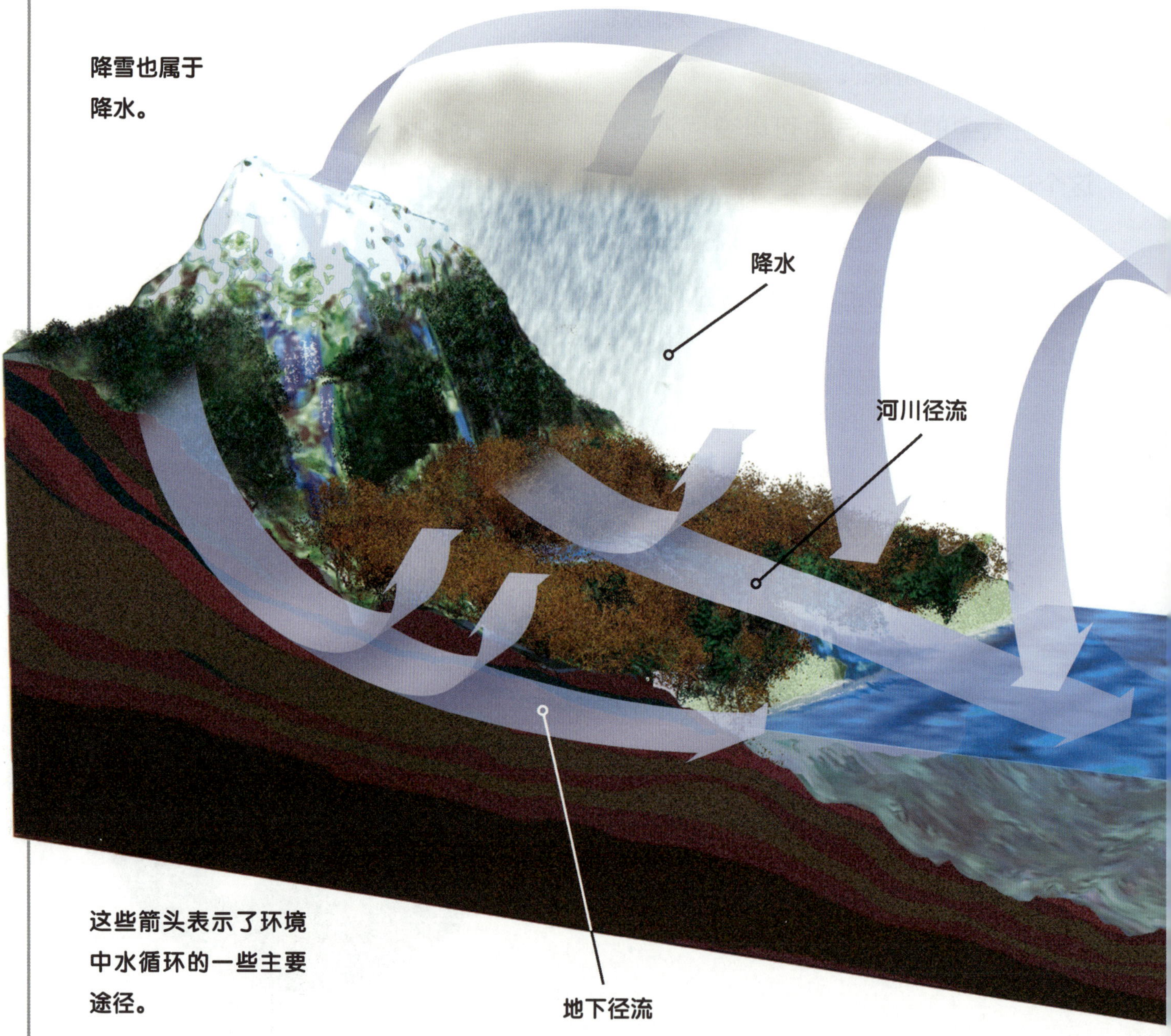

这些箭头表示了环境中水循环的一些主要途径。

水蒸气上升到冷空气中，遇冷凝结成小水滴或凝华成小冰晶。这些水滴或冰晶聚集形成云。

当云层中的水滴变大变重，就会更快地落下来。从云中降落到地表的水叫作**降水**。降水可以是雨、雪、雨夹雪或冰雹。

降水一部分渗入地下，变成地下水，其他的则汇入小溪、河流、湖泊和海洋中。地表的流水不断流向低处，流入海洋。有些地势较低的地区，会有许多地下水到达地表，进入溪水与河流中。而地表水又会蒸发。就这样，水循环会无处不在地不断进行着。

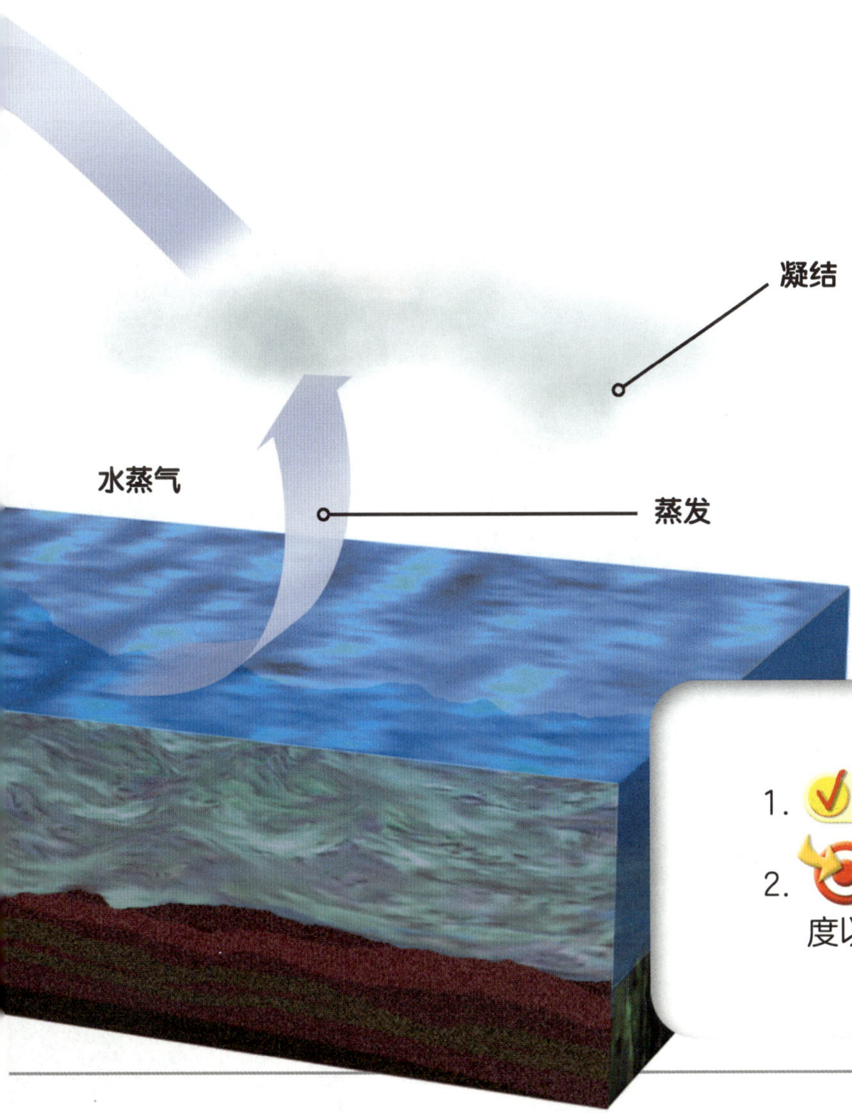

当温度低于0℃时，可能会有雪花形成。

1. **检测点** 说出水循环的主要步骤。
2. **原因和结果** 如果温度在零摄氏度以上，会产生哪种降水？

净化水的方式

人们需要净化水。水里可能含有让人生病的细菌，也可能含有损坏机器的污垢或盐分。这些物质让水很难喝，也很难闻。人们使用的水都要通过净化去除这些物质。

在一些地方，人们从自家的井里取水。他们要通过过滤来去除水中的杂质和化学物质。

在城市里，人们不需要自己来净化水。大多数城市的用水会集中在一个地方净化处理。首先，通过管道将水输送到水处理区。在那里，可能会经历以下几个步骤。

这个过滤器只净化从水龙头里流出的水。

所有进入这座建筑的水都会经这种过滤器净化。

水中可能会加入化学物质。有些化学物质可以杀灭细菌，还有一些，比如氟化物，可以坚固牙齿。

一些水处理厂会把水喷到空气中，改善水的味道和气味。通常水会在巨大的蓄水池中存放一段时间。小颗粒的杂质会沉降到蓄水池的底部。最后，水会通过过滤器被抽出，更多的杂质也将被去除。

现在水已经干净了，可以输送到城市的各个角落。家庭和企业都将用上清洁的淡水。

地图事实

芝加哥市有两座世界上最大的净水厂，每天可以处理十亿至二十亿加仑*的水，芝加哥及周边地区的居民都使用这些水。

* 加仑：美制容量单位，1加仑=3.785升，约7瓶半一般瓶装水。

芝加哥的一家净水厂

本课检测点

1. 水的哪些性质使得水循环可以发生？
2. 为什么要净化水？
3. 科学写作 **说明** 在**科学日记**中解释说明，在炎热的天气里，水坑里的水会发生什么变化？写出水循环的至少两个步骤。

实验园地

引导探究

研究 如何制作水循环的模型？

材料

冰块

杯子

可密封塑料袋

胶带

做什么

1. 把冰块放入杯中。
2. 把杯子放进袋子里，将袋子密封好。
3. 用胶带把塑料袋贴在朝向太阳的窗户上。**预测**接下来的 3 天会发生什么。

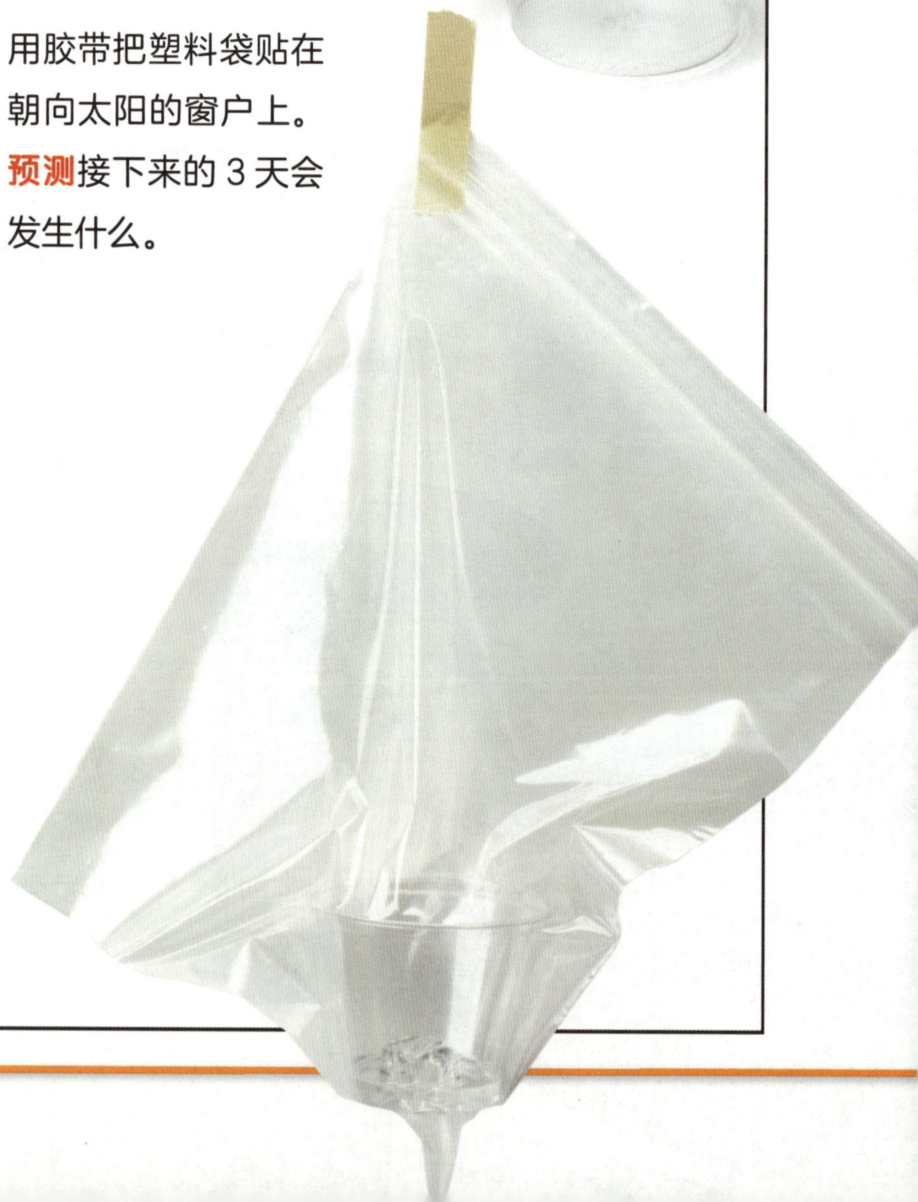

过程中的技巧

对未来事件的**推论**叫作“**预测**”。

4 **观察**袋子，记录发生了什么。
将你的预测与观察结果进行比较。

时间	预测	观测
2小时后		
第2天		
第3天		

解释结果

1. 画一幅图，说明冰块里的水是如何到了袋子底部的。利用箭头，并用“融化”“蒸发”“凝结”等词语做标注。
2. **推论** 如果把整个袋子放入冷冻室，你认为会发生什么？
3. 指出大气中水存在的不同形态。水如何从一种形态转变为另一种形态？

深入研究

如何能加快或减慢袋子里的水循环？请你设计并进行一个科学调查来验证你的预测，并记录在日记里。

雪花的几何学

云中的小水滴冻结，会形成冰晶。冰晶相互结合在一起，形成雪花落下来。

雪花都有六条边。记住，有六条边的图形叫作**六边形**。很多雪花都是**对称的**。对称图形沿一条直线对折，直线两旁的部分完全重合，这条直线叫作**对称轴**。对称图形可以有一条或多条对称轴。下图的雪花显示了3条可能的对称轴（虚线表示）。如果你剪下这片雪花，沿任何一条对称轴对折，两边都能完全重合。

请用下面的图形回答问题。

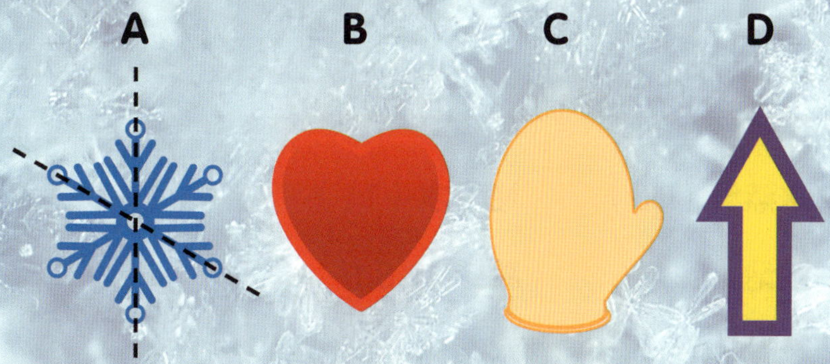

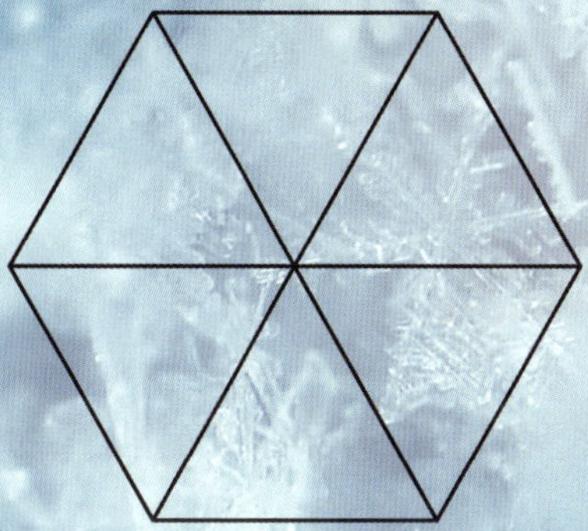

1. 哪个图形不是对称的？
   A. 图形 A　　B. 图形 B
   C. 图形 C　　D. 图形 D

2. 图形 A 是雪花，图中显示了两条对称轴，这片雪花总共有几条对称轴？
   A. 1　B. 3　C. 5　D. 6

3. 摹画一张左图的六边形并剪下来。沿着图中的一条对称轴将六边形对折，得到的新图形是什么形状？它有几条边？

实验园地

家庭活动

通过折叠和裁剪制作纸雪花。你可以查阅书籍或是搜索互联网，找到具体方法。看看你能做出多么复杂的雪花。从一张正方形或圆形纸片开始吧！

第一章回顾与备考

词汇运用

水蒸气（10）	**地下水**（11）
湿地（11）	**凝结**（13）
蒸发（13）	**水循环**（14）
降水（15）	

从上面的词汇中选出最恰当的，将下列句子补充完整。

1. 水变成水蒸气进入空气中的过程叫作______。

2. 有的地方，如果一年中至少有部分时间，水会浸没地表，这样的地方叫作______。

3. ______使水从地表进入大气，又回到地表。

4. 水蒸发形成的一种看不见的气体，叫作______。

5. 雨、雪、雨夹雪或冰雹等从云中降落的水，叫作______。

6. 水蒸气变成小水滴的过程叫作______。

7. 地下的淡水叫作______。

概念解释

8. 解释为什么所有的生物都需要水。

9. 描述地球上哪里有水。

10. 为什么地球上的水大部分都是咸水？

11. 描述水在水循环过程中所经历的变化。

过程中的技巧

12. **推论** 为什么要防止有毒物质泄漏到地下？

13. **预测** 如果把装满水的玻璃瓶盖子拧紧，放入冰柜，会发生什么？

原因和结果

14. 绘制如下的组织图，填入恰当的结果。

原因		结果
水洒在了门外的台阶上	→	
外边的温度是 -5℃	→	
水在 0℃会结冰。	→	

备考

选择合适的选项完成句子或回答问题。

15. 地球表面的 75% 被______覆盖。

Ⓐ 空气　　Ⓑ 水

Ⓒ 植物　　Ⓓ 动物

16. 在水循环中，水变成水蒸气的过程叫作______。

Ⓐ 蒸发

Ⓑ 凝结

Ⓒ 降水

Ⓓ 地下水

17. 当水温降到 0 摄氏度以下，水会______。

Ⓐ 蒸发

Ⓑ 收缩

Ⓒ 结冰

Ⓓ 凝结

18. 当______的时候，湿地能补充地下水源。

Ⓐ 水蒸发

Ⓑ 水渗入到地下

Ⓒ 刮风

Ⓓ 水结冰

19. 解释一下第 17 题你的选择，以及为什么其他选项不正确。

20. 科学写作 **说服** 给当地报纸的编辑写一封信。解释说明为什么你认为每个人都应该节约用水，而不应该浪费水。

海洋学家

海洋学家需要学习使用各种各样的特殊工具研究海洋的技能。

海洋学家研究海洋里的水、海底以及海洋中的生物。你想驶向深蓝的大海吗？那么考虑成为一名海洋学家吧。海洋学家是科学家，他们利用工具监测海水的温度、洋流以及海洋中的生物。这些科学家把海洋作为整体来研究，但在海洋研究领域也有很多具体的工作。比如，如果你想要研究鲸鱼或其他海洋生物，那么你可以当一名海洋生物学家。你喜欢摆弄工具和机械吗？或许你可以成为一名工程师，设计一些研究水下世界所需的特殊设备。

成为海洋学家需要读四年的大学。

实验园地

家庭活动

假如你是一名海洋学家，请选择一项你想要做的具体工作。利用家中的资源，查找更多关于这项工作的信息。

你将学习

- 天气的模式。
- 人们如何测量及预测天气。
- 风暴中的安全知识。

第二章 天 气

Chapter 2 Weather

背景知识

天气有什么样的模式？

天气

飓风

龙卷风

第二章
词汇

实验园地

指导探究

探索 怎样测量风速？

材料

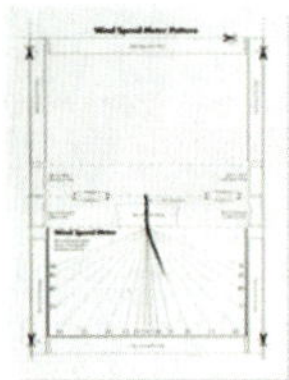

风速计的纸样

剪刀

25cm 长的绳子

刻度尺

胶带

乒乓球

做什么

1. 制作风速计。

把绳子粘贴在中间

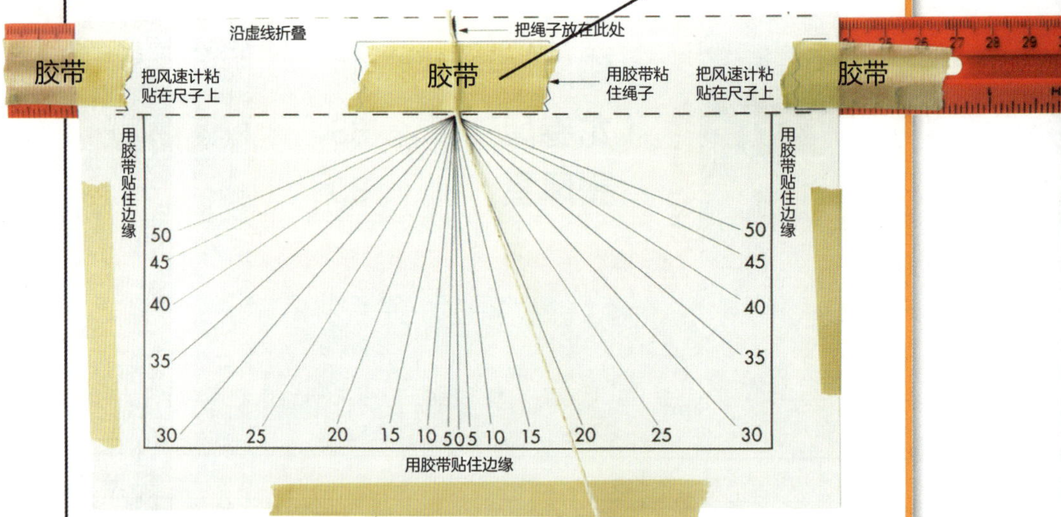

2. 到外边去，把风速计放在风中，使尺子保持水平，然后读出风速。

3. **测量**并记录风速，连续一周，在每天的同一时间进行**观察**，寻找其中的模式。

把绳子一端粘贴在乒乓球上。

你或许还想记录温度和气压，看看手边有没有温度计或气压计。

过程中的技巧

根据**观察**和过去的经验做出判断的过程就是**推论**。

解释结果

推论 假如在风速计上用了一个更重的球，你还需要改变什么？请解释说明。

如何阅读科学

阅读技巧

做出推论

作者有时不会把什么都告诉我们。在阅读的时候，可能需要把一些事实放在一起考虑。

做出**推论**，就是对事件或物体进行解释。

- 运用了解的事实。
- 运用自己的经验。
- 通过观察或已知做出猜测。

天气报告

今天早晨天气晴朗而暖和，将开始刮西北风。据报告，西北地区昨晚多云且温度较低，今晨开始降雨。

运用

学习并制作如下的组织图。在组织图里列出天气报告中的事实，并写下你的推论。

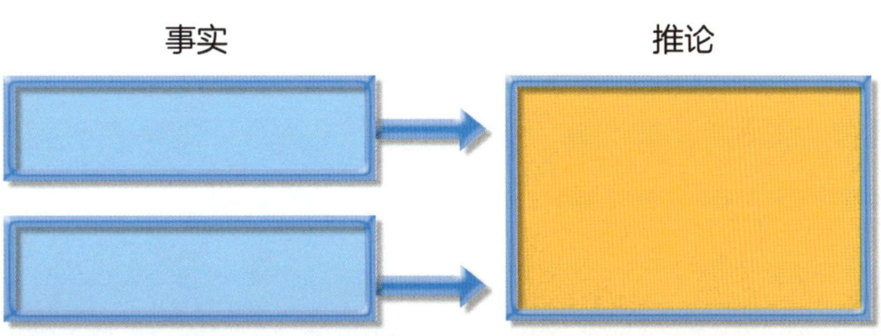

你在现场

一个阳光明媚的日子，你正在户外玩耍。突然，天空中隆隆作响。你抬起头，发现大片的乌云正向这边移动。远处划过一道闪电。哎呀！变天了。天气变化的原因是什么？赶紧到安全的地方躲避吧。

这些积云看起来有点像棉花团。晴天能看到这样的云。

这些是非常高而且薄的卷云。卷云由微小的冰晶组成。晴天也可以看到这样的云。

第一课

什么是天气?

天气无时无刻不在发生着变化。气象测量可以帮助人们准确地预测天气。

天气的形成

这个周末天气会怎样，晴天还是下雨? **天气**是指室外大气的状态，包括天空中云的种类和大气中水的形态与数量，还包括气温和风的情况。

云是由空气中的小水滴组成的，不同的天气形成不同种类的云。因此，云可以帮助我们预测天气。一些云是在晴天形成的，还有一些是在雨天或暴风雨天形成的。

观察一下你会发现：温暖晴朗的天气里，云朵洁白而蓬松；而在暴风雨天，则是乌云密布。

1. 检测点 在暴风雨天气里，云是什么样的?
2. 科学写作 **叙述** 在你的**科学日记**中写一段话，讲一讲对你来说，完美的一天应该有什么样的天气。解释为什么你喜欢这种天气。

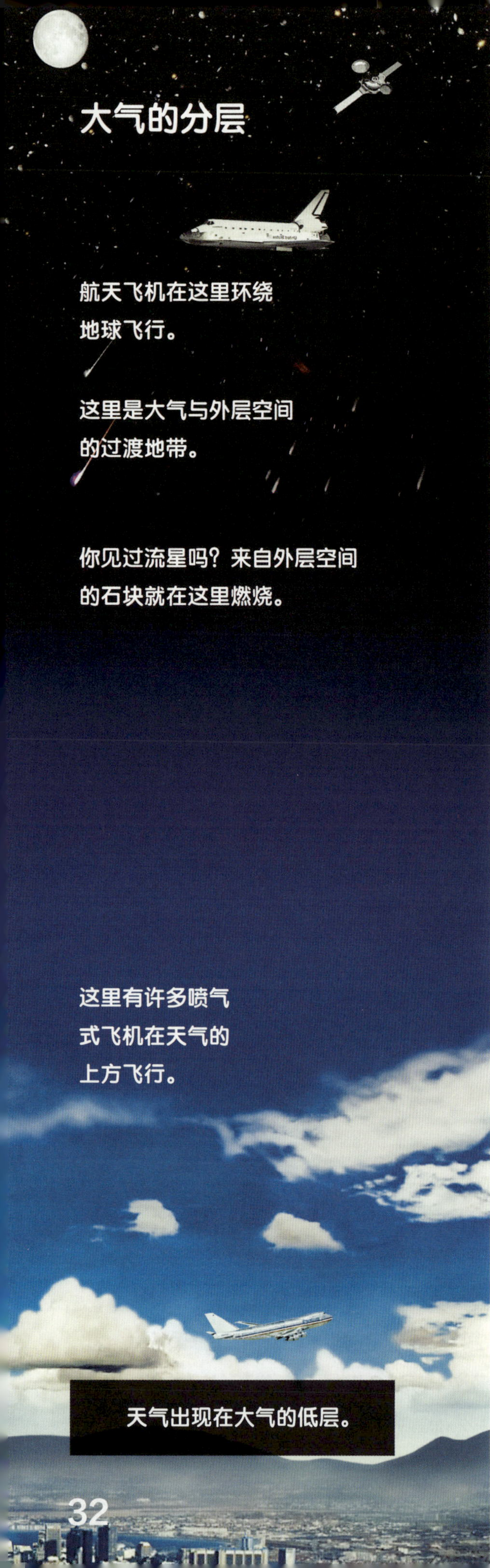

大气

大气就是包围地球的空气，由没有颜色、味道、气味的气体组成。大气不同部分的温度也不同。天气出现在大气的低层部分。

大气是有重量的，所以它对地球有向下的压力。这个向下的压力叫作“大气压力”。当大气向下的压力很大时，气压就高；压力很小时，气压就低。

描述天气

你可能会说今天天气很热，但其他人也可能不这么觉得，他可能很喜欢这种天气。“热”对不同的人来说，意义不尽相同。但是34摄氏度（或93华氏度），表示的却只有一件事，即一个描述气温的事实。科学家们使用专门的工具描述以及测量天气。

测量及预测

科学家们用一种叫作气压计的工具测量气压，并利用气压测量结果来预测天气变化。天气预报中经常会描述气压，低气压通常预示阴雨天，而高气压通常预示晴天。

测量风速的工具叫作风速计，而风向标可以显示风的方向。

科学家使用湿度计来测量空气中水蒸气的含量。空气中含有的水蒸气的多少叫作“湿度”。空气干燥，则湿度较低；空气中水汽较多，则湿度较高。雨量计用于测量液态水，它可以显示降水的多少。

气象工具或仪器帮助科学家们了解更多的天气信息，还可以帮助他们预测未来的天气。

1. **检测点** 气象工具如何帮助科学家们描述天气？

2. **做出推论** 高气压正在向某个地区移动。根据这项观察以及你对气压的了解，预测天气变化。

测量天气的工具

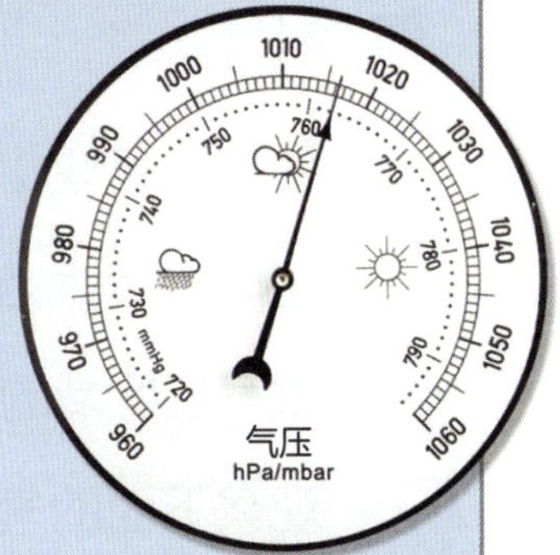

气压计
测量气压。

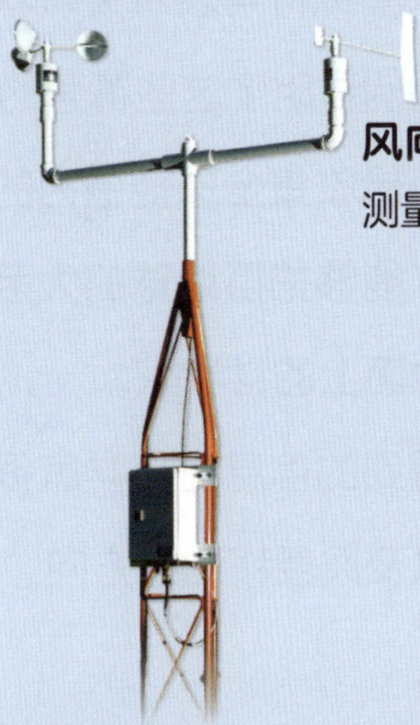

风速计
测量风速。

风向标
测量风的方向。

湿度计
测量空气中水分的含量。

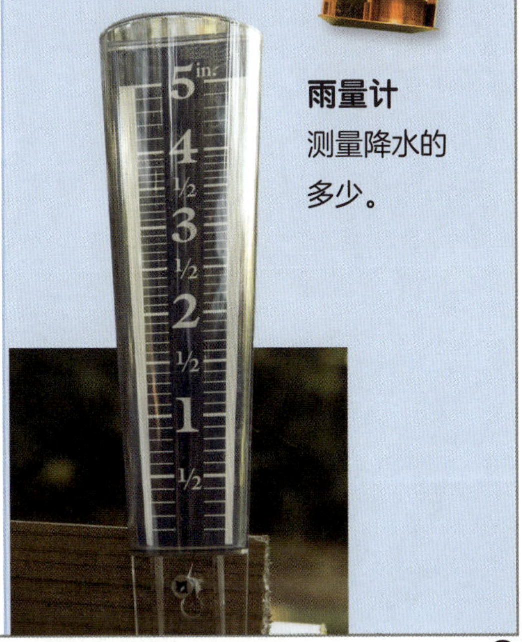

雨量计
测量降水的多少。

气象图

气象工具收集天气数据，科学家将这些数据展示在气象图上。气象图可以显示大范围地区的数据，如温度和风暴。有些气象图也会显示高低气压区域的信息。

观察下面的气象图，它所示的区域是美国本土。数字表示不同城市的温度。图标符号表示天气状况，你大概可以猜出其中一些所代表的意义。图例注明了这些符号的含义。

气象卫星收集全球范围内的气象数据。这些卫星高悬在地球上方的太空中，能够拍摄地球的大范围区域的图像，然后将这些图像和数据发送给地面上的科学家。

卫星得到的信息对科学家很有用。例如，他们可以从中看出风暴的形成，以及风暴移动的方向。

这张气象图使用各种符号来解读气象工具收集的数据。
你能从这张气象图中得到什么信息？

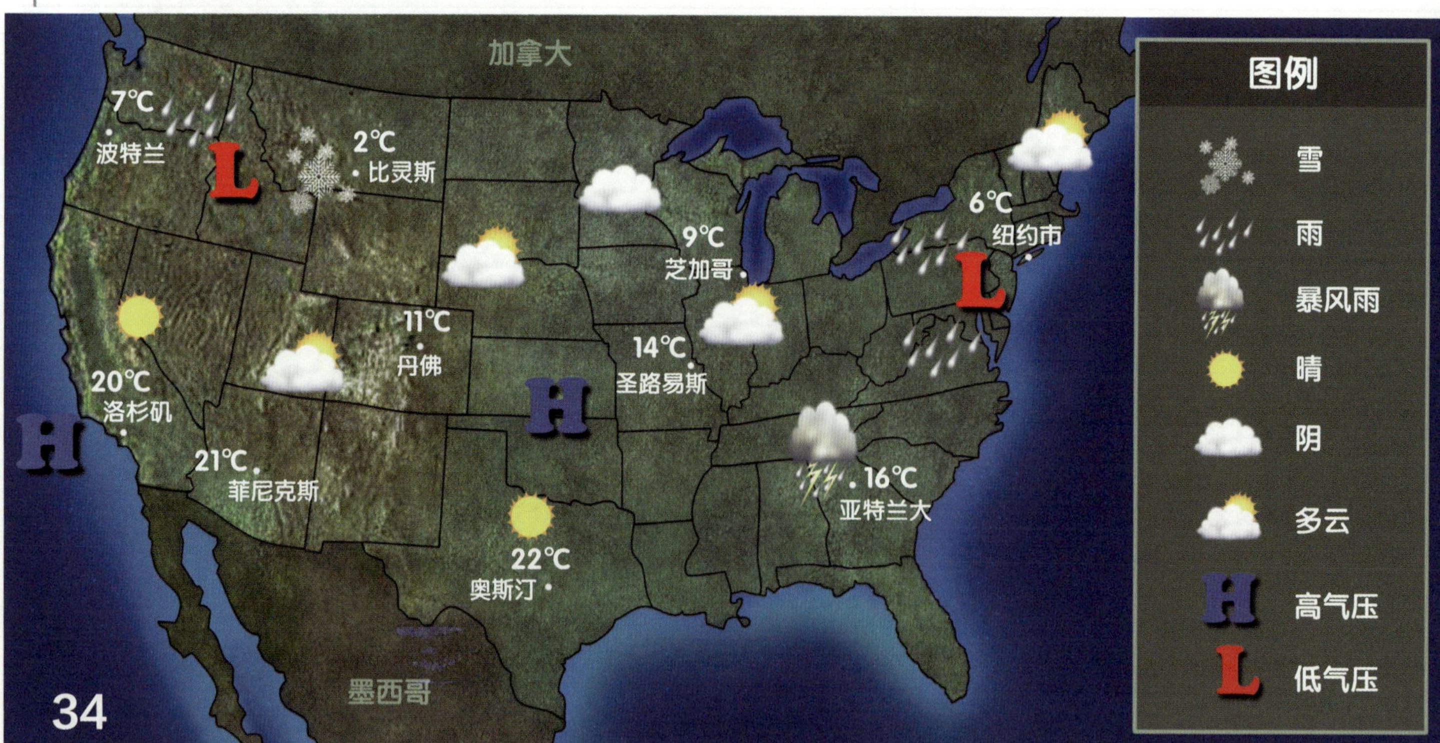

像这样的气象卫星可以收集天气数据。

根据卫星数据制作的气象图可以显示风暴移动的方向。

污染预警

气象新闻可能会有烟雾和臭氧污染预警。在许多城市，轿车和卡车会引发这种预警。车辆发动机排放的废气即汽车尾气，有些时候，大量的尾气滞溜在空气中，这些气体在阳光的照射下生成烟雾和臭氧。在没什么风的时候，这些烟雾和臭氧迟迟不会散去。

烟雾和地面臭氧危害人们的健康，引起咳嗽和呼吸困难等疾病。在空气污染预警期间，一些人群必须待在室内。

汽车燃烧汽油排放的尾气，在阳光的照射下会形成烟雾。

本课检测点

1. 气象图可以显示哪些信息？
2. 人类对天气会产生什么影响？
3. **做出推论** 如果发生烟雾预警，那么关于天气状况，你可以做出什么推论？

第二课

有哪些不同的天气模式？

不同的地方天气模式也各不相同。恶劣天气中人们必须保护好自己。

华盛顿州西部冬季的天气模式是冷凉潮湿。

天气模式

天气变化遵循一定的模式。天气模式取决于阳光、水和地理位置。

靠近海洋的地方与远离海洋的地方有不同的天气模式。华盛顿州位于太平洋沿岸。冬天，温暖湿润的空气从海洋流向陆地，凝结为空中的云，形成了西部峡谷的降雨。

云在向东移动过程中，沿着喀斯喀特山脉的一侧爬升，遇冷，形成降雪。华盛顿州西部冬季的天气模式为冷凉潮湿。

气流越过山脉后，空气中没有多少水分了，降雨或降雪很少。华盛顿州东部冬季的天气模式为寒冷干燥。

华盛顿州东部冬季的天气模式是寒冷干燥。

华盛顿州冬季		
位置	平均温度	平均降雨（cm）
西部	5℃（41℉）	30
东部	-2℃（28℉）	6

沙漠都是干燥的。有些沙漠很冷，而有些则很热。每个沙漠都有自己的天气模式。

北美有四个大的沙漠区域。索诺拉沙漠位于亚利桑那州和加利福尼亚州的南部。来自太平洋的风暴会在冬季给这个沙漠带来一些降雨。但主要的降雨是炎热夏季里短暂的倾盆大雨。夏季平均降雨量为5厘米（2英寸），形成降雨的湿润空气来自加利福尼亚湾。

树形仙人掌适合生长在沙漠中。仙人掌伸展很远的浅根系，能够充分吸收雨水，并将水分储存起来备用。

炎热的夏季，树形仙人掌在暴雨中吸收储存水分。

冬季的降雨让索诺拉沙漠的野花在春季盛开。

1. **检测点** 天气模式取决于哪些因素？
2. **做出推论** 夏季，来自加利福尼亚湾的湿润空气形成了索诺拉沙漠的暴雨。那么夏季来自墨西哥湾的湿润空气会在美国中西部形成什么样的天气呢？

索诺拉沙漠的四季

季节	平均温度	平均降雨量（cm）
秋季	16℃（61℉）	2
冬季	12℃（54℉）	2
春季	24℃（75℉）	1
夏季	29℃（84℉）	5

卫星在地球上空拍摄的飓风旋涡的照片。

危险的风暴

雷暴非常危险。闪电会击中人或物体。有雷暴时，人们应当到安全的地方躲避。

飓风是一种巨大的风暴，形成于海洋上，风速至少119千米（74英里）每小时。伴随的暴雨、强风以及巨浪会造成严重破坏。巨浪可以将船只掀起和打翻。人们通常可以提前知晓飓风的到来。

龙卷风是一种旋转的漏斗状空气柱，其下部与地面相接。龙卷风比飓风的范围小得多，但它的风力更强。龙卷风形成于雷暴云下方，形成得非常突然，没有预兆。如果出现龙卷风，人们必须到安全的地方躲避，并且一定要远离窗户。

突发的暴雨可能会引发洪水，巨浪也会引起洪水。泛滥的洪水会阻断道路，损毁房屋。洪水来临前，人们通常会收到预警，然后人们必须要转移到地势较高的地方。

暴风雪是一种冬季的风暴。暴风雪伴随强烈的降温、强风以及强降雪。人们可能会迷路或被困在雪中，甚至可能被冻到动弹不得，无法转移至温暖的处所。

广播和电视会发送风暴安全信息，国家气象局会发布预警，提醒人们危险风暴的来临。警戒是指可能会发生风暴；警报是指风暴已经发生或临近。每个人收到预警后都应该采取行动，以确保安全。

飓风登陆时会造成破坏。

冬季气象预警发布暴风雪警戒时，学生要回家躲避。

大多数龙卷风会形成一条狭窄的破坏带。

暴雨造成洪水阻断道路。

本课检测点

1. 华盛顿州的哪个部分冬季的天气模式是潮湿多雪？
2. 严重雷暴警报是什么意思？人们应该如何反应？
3. 科学写作 **描述** 在**科学日记**中，描述一场你家附近发生过的风暴。讲一讲风暴来临前，人们做了哪些准备，或者没有做哪些准备。

实验园地

引导探究

研究 二氧化碳的多少会产生不同的影响吗？

空气中的二氧化碳可以使地球保持温暖，而二氧化碳的增加会导致地球变暖。地球上的二氧化碳数百年来不断增加，人们已经观察到了一些变化。许多科学家认为，如果二氧化碳继续增长，地球还会有更大的变化。

材料

安全护目镜

2 只杯子和胶带

漏斗和量筒（或量杯）

溴麝香草酚蓝溶液（BTB）

2 片保鲜膜和 2 根吸管

做什么

1 准备 2 杯溴麝香草酚蓝溶液

每只杯子里倒入 30mL溴麝香草酚蓝溶液（BTB），然后用保鲜膜分别封住两只杯子。

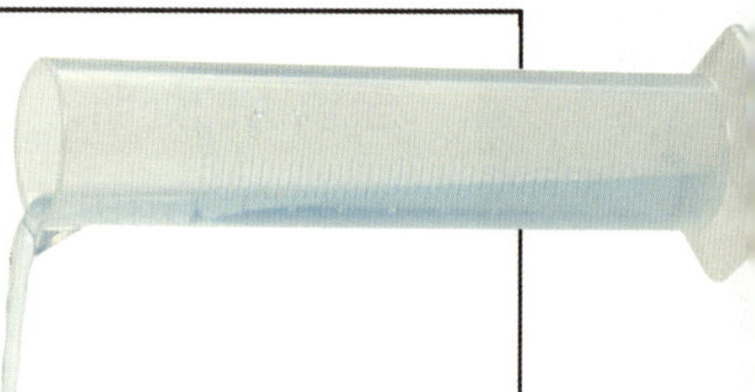

在杯子上贴标签。

小心！

安全措施

- 戴上护目镜。
- 吸管不要混用。
- 吸管只可以用来吹气！

2 将吸管插入保鲜膜。通过吸管向杯子 A 中吹气 1 次。

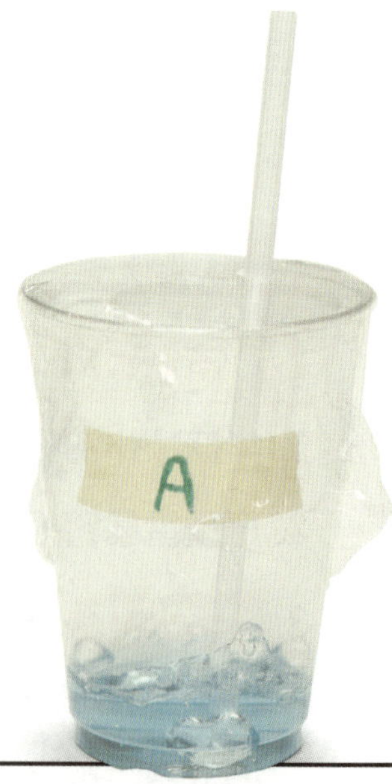

3 对杯子 B 重复相同的步骤，但吹气 10 次。

过程中的技巧

解读数据就是仔细观察数据，看它如何帮助你解答问题。

4 观察两杯溴麝香草酚蓝溶液（BTB）的颜色。

5 **收集数据**，制作如下表格，记录你的结果。

杯子	溴麝香草酚蓝溶液（BTB）的颜色	
	吹气前	吹气后
杯子A 吹气1次		
杯子B 吹气10次		

解释结果

1. 每个杯子中的溴麝香草酚蓝溶液（BTB）各发生了什么？
2. **解读数据** 你在吹气的时候，就是向溴麝香草酚蓝溶液（BTB）中加入了二氧化碳。少量的二氧化碳与大量的二氧化碳会导致不同的结果吗？请解释。

深入研究

要吹气多少次才能观察到变化？设计一个研究方案，回答这个问题或其他问题。

温度比较

靠近海洋的地方与远离海洋的地方有不同的天气模式。第 43 页中的表格对比了两个城市一月份和七月份的平均最高气温和最低气温。请注意，一月份西雅图比印第安纳波利斯暖和。

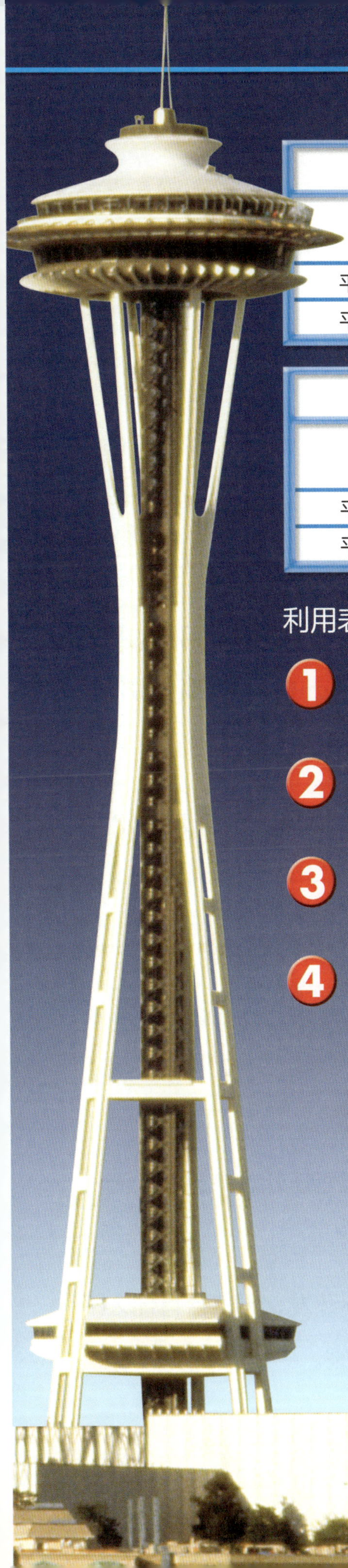

一月份平均温度		
	华盛顿州 西雅图	印第安纳州 印第安纳波利斯
平均最高气温	8℃（46℉）	1℃（34℉）
平均最低气温	2℃（36℉）	−8℃（18℉）

七月份平均温度		
	华盛顿州 西雅图	印第安纳州 印第安纳波利斯
平均最高气温	24℃（75℉）	30℃（86℉）
平均最低气温	13℃（55℉）	18℃（64℉）

利用表格和地图回答下列问题：

1. 利用地图，解释为什么在一月份西雅图的温度通常比印第安纳波利斯高。
2. 七月份西雅图的平均最高气温是多少？印第安纳波利斯呢？
3. 两个城市七月份的平均最低气温分别是多少？
4. 七月份哪个城市通常更暖和些？利用地图解释为什么是这样。

实验园地

家庭活动

查找出你所居住的地方一月和七月的平均最高和最低气温信息，并将其与西雅图和印第安纳波利斯的气温进行比较。

第二章回顾与备考

词汇运用

天气（31） **大气**（32）
飓风（38） **龙卷风**（38）
暴风雪（39）

从上面的词汇中选出最恰当的，将下列句子补充完整。

1. ______是与地面相接的旋转的空气柱，形成非常突然。

2. 温度、风速和云都是______的组成部分。

3. ______是形成于温暖海洋上的巨大、猛烈的风暴。

4. ______是一种冬季的风暴，伴随着低温、强风和强降雪。

5. ______是由包围着地球的多种气体组成。

概念解释

6. 为什么天气很重要？

7. 如果你有测量天气组成部分的工具，你可以收集哪些信息？

8. 列出一些预示天气变化的线索。

9. 举出一种天气模式的例子，并进行详细描述。

10. 国家气象局如何帮助人们确保安全？

11. 利用下表，说明哪个城市在七月份的平均温度更高。哪个城市的平均最高与最低气温之间差异最大？

	亚拉巴马州伯明翰	新墨西哥州圣菲
七月份平均最高气温	33℃（91℉）	29℃（84℉）
七月份平均最低气温	21℃（70℉）	12℃（54℉）

过程中的技巧

12. **预测** 下雨天，但气压却越来越高。天气可能会如何变化？

13. **推论** 假如水从不蒸发，天气会有什么不同？解释你的答案。

做出推论

14. 复制下表，并将推论部分补充完整。

事实	推论
过去 100 年间，地球温度略有升高。	
一些地区降水增加，而另一些地区降水减少。	

备考

选择合适的选项完成句子或回答问题。

15. 美国西部靠近海洋的城市在冬季最有可能是什么样的天气？

Ⓐ 温暖多雨　Ⓑ 温暖多雪

Ⓒ 寒冷多雪　Ⓓ 寒冷多雨

16. 严重雷暴警戒是指_____。

Ⓐ 该地区有严重的雷暴

Ⓑ 该地区有龙卷风

Ⓒ 很快会发生洪水

Ⓓ 可能会发生雷暴

17. 如果出现龙卷风，人们应该_____。

Ⓐ 到安全的地方躲避

Ⓑ 转移到高处

Ⓒ 关上窗户

Ⓓ 驾车去其他城市

18. 城市中大部分烟雾和臭氧是由于______而形成的。

Ⓐ 酸雨

Ⓑ 森林大火

Ⓒ 二氧化碳

Ⓓ 汽油燃烧

19. 解释一下第 15 题你的选择，以及为什么其他选项不正确。

20. 科学写作 **说明** 写一段话，描述天气带给人们的帮助与危害。

从太空研究云

美国国家航空航天局不仅研究太空，还从太空中研究地球上的云。美国国家航空航天局的卫星绕地球运转，使用不同的工具或仪器收集关于云以及包括天气在内的地球系统其他部分的信息。有的工具测量云层反射的太阳光的量，还有的工具测量云层截留的以及逃逸到太空的热量。

积云

卷云

积雨云

层云

云是天气模式的重要组成部分，也是水循环的一部分。云和温室气体会相互作用。美国国家航空航天局的科学家正在研究云对地球气候的影响。

许多学校都在帮助美国国家航空航天局研究云。这些学校的学生和老师们观察与测量云以及其他天气状况。他们被安排在特定的时间进行观测，而这些时间与美国国家航空航天局的卫星记录该地区信息的时间一致。

卷层云

高积云

实验园地

家庭活动

记录下你自己对云的观察以及当时的温度。连续收集一周的数据，将数据整理成图表。判断云的类型和多少对温度是否有影响。

职业

空中交通管制员

在机场的控制塔上，你可以看到所有的飞机和跑道。电脑上显示了所有飞机的高度、速度和航向。

作为空中交通管制员，你要确保飞机安全起降。你向飞行员发出指令，使飞机之间保持安全距离。你还需要向他们提供有关天气模式的信息。飞行员必须知道是否有风暴，以及风速和风向是否突然变化。他们还需要了解机场周围的天气状况：有雾、下雪或是下雨，还是晴天？你提供的这些信息有助于确保飞行员和乘客的安全。

要想成为空中交通管制员，一般需要经过四年的大学学习，然后还必须通过考试，才能成为合格的空中交通管制员。

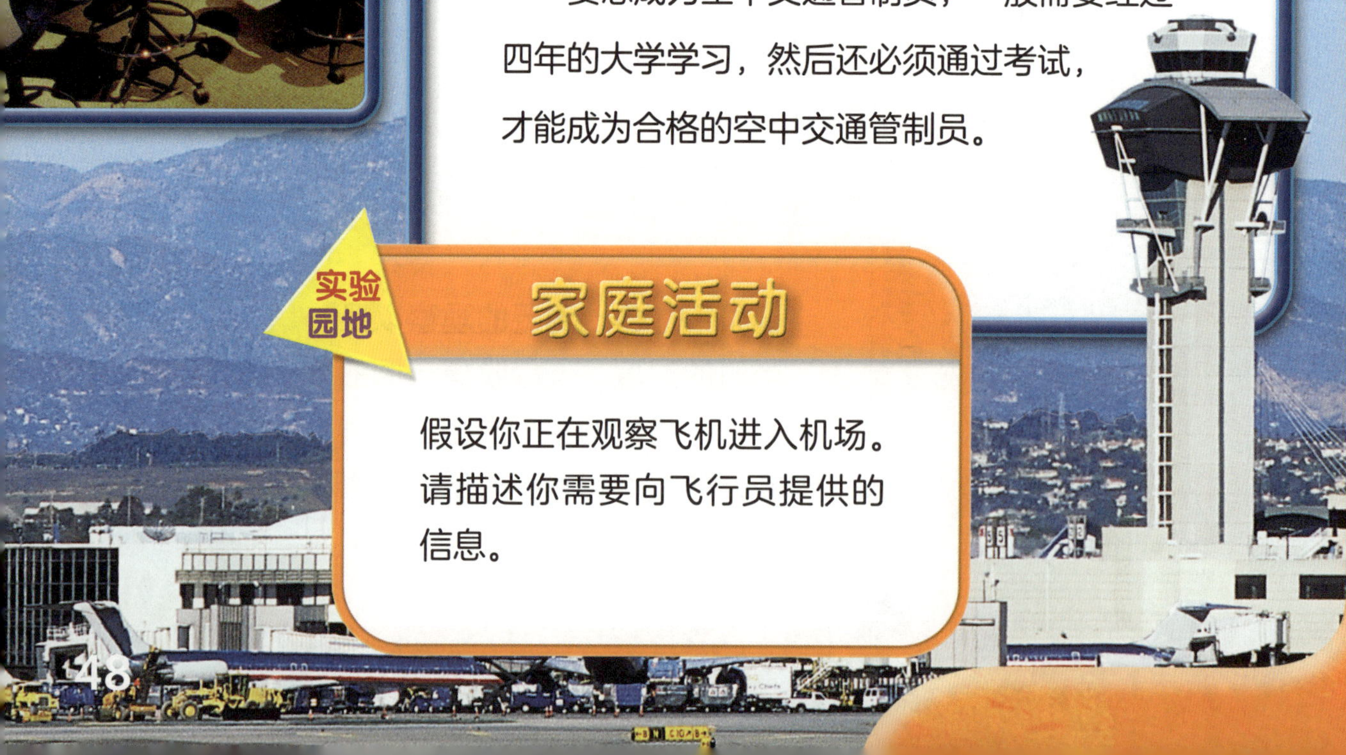

实验园地

家庭活动

假设你正在观察飞机进入机场。请描述你需要向飞行员提供的信息。

第三章

Chapter 3　Rocks and Soil

岩石和土壤

你将学习

- 如何分辨不同种类的岩石。
- 岩石的形成。
- 土壤的组成。
- 土壤的重要性。

背景知识

岩石和土壤有哪些种类?

岩浆岩

沉积岩

变质岩

第三章
词汇

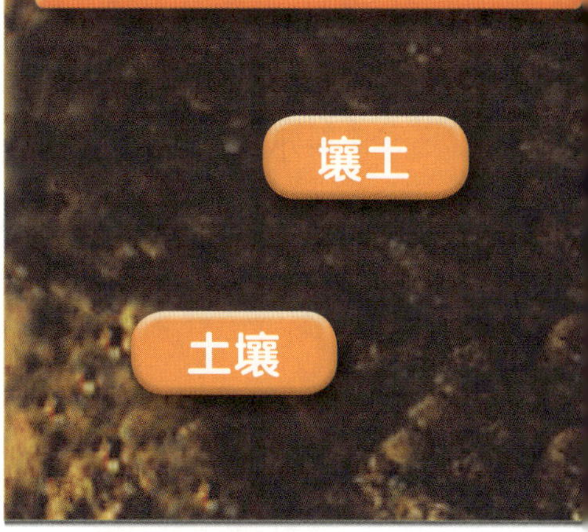

矿物

腐解

土壤中生物残骸缓慢分解的过程。

养分

土壤中植物生长所需的物质。

实验园地

指导探究

探索 从岩层中可以了解什么?

风、水或冰会带走沙子和其他物质。搬运过程中，这些物质通常会一层一层地沉积下来。随着时间的推移，这些物质结合在一起形成岩石。这就是岩石通常呈现层状的一个原因。在这个实验模型里，我们用沙子、盐、咖啡、糖和黏土表现岩石的分层结构。

材料

小量杯和大杯子

沙子、盐、咖啡

糖和黏土

回形针、橡皮筋、一小截蜡笔

做什么

1. 制作岩层的**模型**。将小杯装满沙子，倒入大杯子里。把回形针放到沙子里，放置在贴近杯壁的地方。这个回形针代表一块动物化石。

2. 将其他物质一层一层地加入杯中。在其中两层里放置“动物化石”（橡皮筋或蜡笔）。

解释结果

1. 哪一层物质是最先放进去的？**模型**中哪一层最“古老”？你是如何知道的？
2. **推论** 岩层中哪里的化石更古老，是上层还是下层？请解释。

过程中的技巧

模型与实物不同，但却可以用来帮助了解实物。

如何阅读科学

阅读技巧

比较和对比

比较就是发现事物之间的相同之处。

对比则是区分事物之间的不同之处。

- “类似”“像”“全都”“两者都”“同样”等词语表示的是比较。
- “不同”“不像”“不一样”等词语表示的是对比。

杂志文章

岩石收集者

本和米沙**都**收集岩石。本喜欢颜色鲜艳的岩石，他是岩石搜寻者俱乐部的成员，这个俱乐部会进行岩石收集旅行。米沙收集岩石的方式与本**不一样**，他喜欢化石。米沙的舅舅从世界各地给米沙寄来化石。与本**不同**，米沙只需要去一趟邮箱就可以增添他的收藏品。

运用

你可以将组织图作为**模型**来展示如何比较和对比事物。

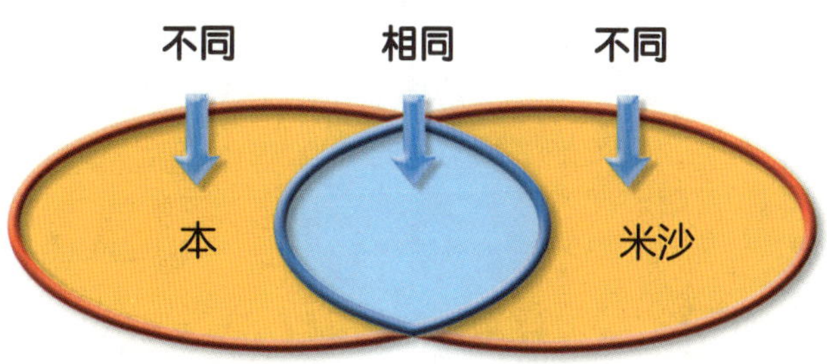

利用组织图说明本和米沙收藏岩石方式的相同和不同之处。

你在现场

攀岩的时候一定要小心。最好能有登山鞋，它可以帮助你攀岩。你看见了吗？有些岩石有着锋利的边缘，有些岩石看起来很粗糙，有些岩石看着很光滑。它们的颜色也有差别。岩石是由什么组成的？它们是从哪里来的？

第一课

岩石是如何形成的?

岩石随处可见。有的像山一样大，有的比沙子还小。岩石由矿物组成，有不同的形成方式。

岩石

地球主要由不同种类的岩石组成。**岩石**是由一种或多种矿物组成的天然固态非生命物质。**矿物**是由非生命物形成的自然物质。

你可以通过观察它们的物理性质来区分不同的岩石。岩石的物理性质包括：颜色、矿物成分以及质地。

这里你看到从灰色到棕色的不同颜色的岩石。有时矿物很小，很难观察到。质地是指组成岩石的矿物颗粒的大小。有些岩石颗粒较大，容易观察到。矿物颗粒的大小不同，使得岩石有的光滑，有的粗糙，有的凹凸不平。

1. 检测点 岩石的物理性质有哪些?
2. 比较和对比 图中的岩石有哪些相同之处？有哪些不同之处?

岩石种类

岩石主要分为三大类，分别有各自不同的成因。每大类中又包含了许多种类的岩石。

岩浆岩由高温的熔融矿物与气体的混合物形成。混合物可能会在地下缓慢地冷凝变硬，那么颗粒就会很大。如果岩石在地面上或海底快速地冷却，颗粒就非常小，小到看不见。

另一类岩石由沉积物形成，沉积物是指砾石、砂、贝壳等物质。沉积物沉在河底、湖底或是海底，经过千万年的压实、胶结，一层一层地形成沉积岩。

已经灭绝的动植物的化石可以在**沉积岩**中找到。这些生物的遗体被泥沙掩埋，变硬成为岩石。沉积岩中的化石展示了漫长地质年代里生物的演化历史。

沉积岩中的化石

海百合是一种长得像植物的古老动物。

三叶虫形似现在的螃蟹。

菊石看起来像现在的蜗牛。

岩浆岩可能来自火山。

变质岩是受到高温和压力变化改造而形成的岩石。页岩是一种沉积岩。地下的高温和压力改变了页岩中的矿物，使页岩变成了板岩，板岩是一种变质岩。花岗岩是一种岩浆岩，它可以变成片麻岩。片麻岩也是一种变质岩。

岩浆岩	沉积岩
花岗岩 花岗岩是颗粒较大的火成岩，常用作建筑材料。	**页岩** 页岩是沉积岩。

变成

变质岩	
片麻岩 这块片麻岩曾经是花岗岩。片麻岩的颗粒呈层状分布。	**板岩** 这块板岩曾经是页岩。

本课检测点

1. 在地面上形成的岩浆岩与在地下形成的岩浆岩有什么不同之处？
2. 描述沉积岩中能找到的体现生命演变的线索。
3. 科学写作 **说明** 在你的**科学日记**中，列出三种岩石的信息，然后写一段文字分别描述这三种岩石。

第二课

什么是矿物？

矿物是地球上最常见的固体物质。金和银是稀有矿物，而岩盐和石英则是常见的矿物。

磁铁矿具有磁性，可以吸引含铁的物体。

识别矿物

颜色是矿物的一种明显的性质，但有些矿物有很多不同的颜色。比如，石英有粉色、紫色、黄色、棕色、白色和黑色。其他矿物大多只有一种颜色。

识别岩石更好的方法是根据矿物粉末的颜色识别。矿物在粗糙的表面划擦时，会留下条痕或粉末痕迹。即使一种矿物的不同块体颜色不同，条痕色却总是相同的。

光泽是矿物反射光时所表现的特征。矿物有金属光泽、珍珠光泽、丝绢光泽、油脂光泽、玻璃光泽或土状光泽等。

把醋滴到含有方解石的石灰岩上，会嘶嘶地起泡。这是因为醋和方解石发生反应，释放出二氧化碳。

矿物的性质

矿物	颜色	光泽	条痕	硬度
云母 云母击碎后成片状。 	黑色 灰色 绿色 蓝紫色	表面呈现珍珠光泽	白色 	用刀可以划出痕迹
辉钼矿 辉钼矿中的钼是最强与最常用的耐热金属之一。 	银色	金属光泽	蓝灰色 	用指甲可以划出痕迹
铬铅矿 铬铅矿大多产自澳大利亚。 	橙红色	非常闪亮	橙黄色 	用硬币可以划出痕迹

另一种识别矿物的方法是测试其硬度。有些矿物，比如滑石，非常柔软，用指甲就可以划出痕迹。最硬的矿物是金刚石，只有用另一块金刚石才能划出痕迹。

有些矿物可以根据外观识别。比如金，有时会以金块的形式出现。还有些矿物可以通过尝味道、闻气味或是触摸来识别。

1. **检测点** 识别矿物有哪些方法？

2. **比较和对比** 岩石和矿物有什么相同之处？有什么不同之处？利用组织图说明你的答案。

矿物质对人体的用处

以下是矿物质在人体中的一些作用

矿物质	作用
钙	有助于骨骼和牙齿的形成与生长，以及肌肉的收缩
铬	有助于将消化的食物转化为能量
铜	促进皮肤和其他组织的生长
铁	将血液中的氧运送到身体各部分
钾	促进神经和肌肉的健康运作
磷	协助产生能量，是构成骨骼和牙齿的重要物质
钠	保持体内水分平衡，有助于神经传递信息

我们如何使用矿物

我们的生活离不开矿物。牙膏中的防蛀氟化物来自矿物萤石；窗户上的玻璃来自矿物石英、纯碱和石灰岩；食物里的食盐来自矿物石盐。勺子里的金属是矿物，甚至你写字用的铅笔所含的石墨也是一种矿物。几乎我们所有的东西都由矿物制成或含有矿物质。

矿物质使我们保持健康

人们同样需要矿物质来保持身体健康以及充沛的精力。许多人体所需的矿物质都可以从植物中找到。绿叶蔬菜（比如菠菜）含有钙，水果和绿叶蔬菜含有铁。蔬菜（如芹菜）中的钠和水果中的钾有助于传递神经冲动及控制肌肉。几乎我们所有的食物都含有一些矿物质。

本课检测点

1. 什么是矿物？
2. 为什么矿物质对身体健康很重要？
3. 科学写作 **说明** 在你的**科学日记**里，列出你今天所做的五件使用矿物的事。可以写在一张两列的图表中，第一列标题为“活动”，第二列标题为“矿物”。

其他使用矿物的方式	
石盐 	先将石盐矿物压碎，然后研磨。我们用它来调味和保存食物。（这种矿物就是我们所知道的食盐。）
铜 	铜矿可以在岩浆岩中找到。矿石从地下开采出来，经过压碎和加热，铜与岩石分离。铜可以用来制作壶和锅等物品。
萤石 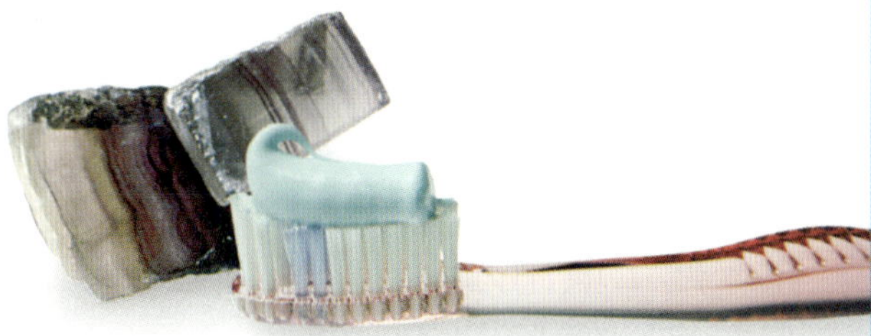	萤石可以在花岗岩等很多岩石中找到。将矿石压碎，分离出萤石。可以用它来制造很多产品，比如牙膏。
铅 	铅可以在“方铅矿”中找到。将矿石压碎并加热，就可以产出铅。铅可以用来制造拍X光片的时候穿的防护服。
铁 	铁可以在“赤铁矿”中找到。将矿石压碎并加热，就可以从熔化的材料中分离出铁。铁与其他材料混合制成钢。钢可以用来制造许多工具和机器。

第三课

土壤为什么重要?

在陆地上所有生命赖以生存的系统中，土壤是非常重要的一部分。土壤与土壤的组成部分有着不同的性质。

蚯蚓在土壤中穿行的时候，可以混合表土，从而改善土壤。

土壤的组成

土壤是指覆盖在地球大部分陆地上的一层疏松的物质。土壤并不仅仅是尘土，而是经历了漫长的自然过程才形成的。在自然条件下，失去的表土需要数百年时间才能恢复。土壤中含有植物生长所需的矿物质。

我们依靠表土种植生产食物。

抓一把土壤用力挤一下，你会发现，这可不只是一堆石块。土壤可以积聚成团，因为里面含有水分以及生物体死后留下的物质。

土壤中的生物可以分解植物和动物的残骸，这个过程叫作**腐解**。腐解可以产生植物生长所需的物质。这些植物所需的物质叫作**养分**。一些矿物质也会释放养分。陆地上的大多数植物，包括作物，都需要水和养分的供给。想想看，土壤其实比黄金更有价值!

土壤必须夯实并保持稳固，这样建在上面的房子才不会移位。

土壤分层

土壤分很多层，不同地方的土壤，有不同厚度与颜色的分层。

表土

表土是土壤的最上层。表土包含岩石颗粒和颜色较深的腐解产物。动植物残骸经过腐解得到的物质叫作“腐殖质”。腐殖质富含植物生长所需的养分。

底土

底土在表土的下面。底土的颜色一般比表土浅，腐殖质含量不如表土多。底土中会含有一些碎石块，树的根系会生长延伸到底土。降水渗入土中，会存在于这层。

基岩

这层岩石的分解，可以为新土壤的形成提供原材料。

1. 检测点 土壤由什么组成？
2. 科学中的数学 假设在某个地方形成1厘米厚的土壤需要1500年，那么形成2厘米厚的土壤需要多长时间？展示你的计算过程。

比较土壤

各处的土壤不尽相同。你家附近的土壤可能就与学校附近的不同。土壤的种类部分取决于其中的岩石颗粒。砂粒、粉粒和黏粒是土壤中的三种主要颗粒。它们的颗粒大小不同，砂粒的颗粒是最大的，黏粒的颗粒是最小的。

砂粒

砂粒的颗粒之间有较大的空间，水可以轻易通过。许多生长在砂土中的植物，根部可能来不及吸收水分。砂土很粗糙，有粗砾感。

粉粒

粉粒的颗粒中等大小，较紧密地黏聚在一起。虽然粉粒也能透水，但粉土还是可以较好地保持水分。

关于壤土

壤土是适合种植植物的理想土壤。这张图展示了壤土中每种成分的含量。

- 砂粒、粉粒、黏粒
- 空气
- 水
- 腐殖质

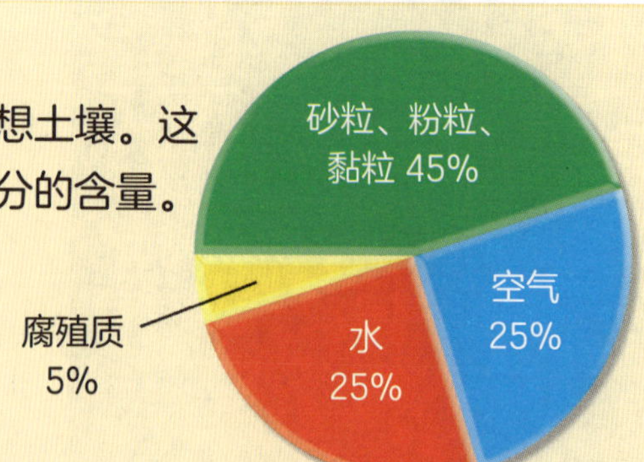

所有的土壤都含有这四种成分。含有矿物质的岩石风化后形成了土壤的主要部分，另一部分是腐殖质。腐殖质由动植物腐烂分解形成，是土壤中非常重要的一部分。岩石和腐殖质颗粒间的空隙由空气和水分占据。

大部分土壤是砂粒、粉粒和黏粒的混合物。这种混合土壤叫作**壤土**。壤土也含有腐殖质，腐殖质中有许多矿物质及其他养分。壤土含有矿物质、腐殖质、空气和水分，因而非常适合大部分植物的生长。壤土可以保持水分，而又足够松散，可以让植物的根系吸收水分。

黏粒

黏粒的颗粒是最小的，水分通过得很慢。黏土吸收了水分，颗粒就会紧密地黏在一起。湿润的黏土摸起来细腻且有黏性。

本课检测点

1. 说明土壤的重要性。
2. 比较砂土、粉土和黏土的保水性能。
3. 科学中的社会研究 查找有很多大片农田的地区的信息。了解每个地区种植哪些水果、蔬菜和谷物。

实验园地

引导探究

研究 土壤可以保持多少水分?

材料

小量杯

3 个干净的塑料杯和
3 个泡沫杯

砂土、黏土和壤土

放大镜和铅笔

纸巾和剪刀

勺子和纸胶带

量筒（或量杯）

水

过程中的技巧

通过仔细**测量**，可以找出哪种土壤可以保持最多水分。

做什么

1 每种土壤取 60mL。

2 用放大镜**观察**土壤样本。描述土壤的性质（颜色、质地）。

3 在每个泡沫杯底部扎 10 个孔。

4 将每个泡沫杯都放在纸巾上，沿杯底描画一圈，根据描出的图案从纸巾上剪下 3 个圆，分别放入三个泡沫杯里，盖住那些孔。

5 把土壤样本分别放入不同的泡沫杯里，用勺子将土壤压实。

内部视图

外部视图

6 将每只泡沫杯分别放在一个干净的塑料杯中。向每份土壤样本中倒入 50mL 的水。等待 10 分钟。用量筒**测量**干净塑料杯中有多少水，并记录**数据**。

土壤种类	土壤量（mL）	添加的水量（mL）	10分钟后收集到的水量（mL）
砂土			
黏土			
壤土			

解释结果

1. 描述你**观察**的每份土壤的颜色、质地和其他性质。你认为它们分别是由什么组成的？
2. 根据你的**测量**，哪种土壤保持的水分最多？哪种最少？

深入研究

沙漠中的植物在哪种土壤中生长得最好？设计一个研究方案，回答这个问题或其他问题。

生机勃勃的土壤

土壤主要是由岩石颗粒组成的，但其中也有许多其他的东西。不同学校的学生研究了土壤中的生物，他们的发现以及脚下土壤的“生机勃勃”或许会让你感到惊讶。

枫树溪学校的学生挖了10份土壤样本，并仔细观察了每一份样本。他们统计了土壤样本中不同动物的数量，并将结果汇总在第69页的表格里。他们发现蚂蚁的数量比其他动物都多。森树林学校的学生也挖了10份土壤样本，并统计了其中动物的数量，他们的表格也在第69页。

枫树溪学校土壤中的动物

甲虫	蚂蚁	蜘蛛	蚯蚓
55	430	32	189

森树林学校土壤中的动物

甲虫	蚂蚁	蜘蛛	蚯蚓
24	235	48	95

根据上面的表格回答问题。

1. 森树林学校的土壤中找到了多少动物?

   A. 299　　B. 402

   C. 706　　D. 1020

2. 枫树溪学校土壤样本中的蚂蚁比森树林学校多多少?

   A. 205　　B. 665

   C. 195　　D. 470

3. 总共找到了多少条蚯蚓?

   A. 284　　B. 174

   C. 274　　D. 94

实验园地

家庭活动

在大人的陪同下，铲一锹土壤。把土壤摊在私人车道、户外的桌子或人行道上，一定要戴手套。记录你从中发现的动物。不要伤害这些动物。观察完成后，记得要把土壤和这些动物送回原处。

第三章回顾与备考

词汇运用

矿物（55）	**岩石**（55）
岩浆岩（56）	**沉积岩**（56）
变质岩（57）	**养分**（62）
腐解（62）	**土壤**（62）
壤土（65）	

从上面的词汇中选出最恰当的，将下列句子补充完整。

1. 由一层一层的沉积物变硬所形成的岩石是_____。

2. 覆盖地球大部分陆地薄薄的一层疏松的物质是_____。

3. 组成岩石的自然物质是_____。

4. 生物被分解的过程叫作_____。

5. 由砂粒、粉粒、黏粒、矿物质和腐解物质混合形成的土壤叫作_____。

6. 地球上由矿物组成的天然固态非生命物质叫作_____。

7. 在良好的种植土中，每一种被植物根系吸收的小颗粒叫作_____。

8. 岩石经过压力和高温改造而形成的另一种岩石是_____。

9. 熔化的地球物质冷却变硬所形成的岩石是_____。

概念解释

10. 说出沉积岩的一种形成方式。

11. 解释为什么骨头不是一种矿物。

12. 按由上到下的顺序，描述土壤分层。

过程中的技巧

13. 预测 雨后哪种土干得更快，沙滩还是草地？请说明理由。

14. 模型 制作模型或绘图，展示不同的土层。

15. 推论 你观察到，用硬币可以在矿物样品上刮出痕迹。由此，对该矿物的硬度你可以得出什么样的推论？

比较和对比

16. 绘制如下的组织图，并填写比较砂土和黏土的异同。

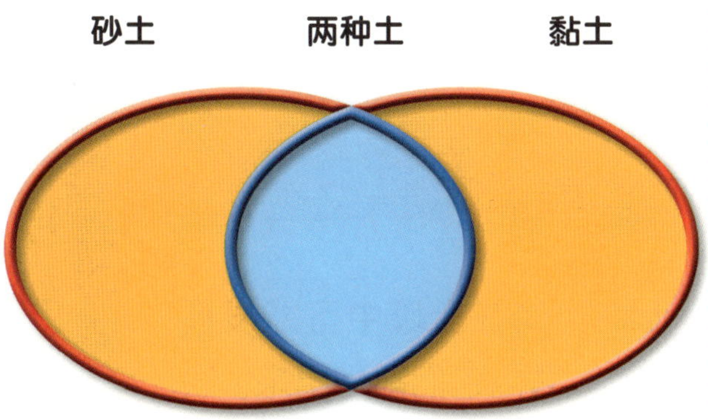

备考

选择合适的选项完成句子或回答问题。

17. 所有的岩石都含有_____。

Ⓐ 壤土

Ⓑ 矿物

Ⓒ 水分

Ⓓ 沉积物

18. 哪种岩石中最常发现化石？

Ⓐ 沉积岩

Ⓑ 岩浆岩

Ⓒ 变质岩

Ⓓ 以上都是

19. 正好位于表土下方的是哪层土壤？

Ⓐ 壤土

Ⓑ 腐殖质

Ⓒ 岩石

Ⓓ 底土

20. 科学写作 **说服** 给人大代表写一封信，讨论肥沃的农田对每个人的重要价值。

人物传记

埃莉萨·莱文博士

莱文博士从孩提时起就对土壤产生了兴趣。

莱文博士是美国国家航空航天局戈达德太空飞行中心的土壤科学家。长期以来，她对土壤一直充满兴趣。她曾经说过：“小时候，妈妈让我坐在土地上，告诉我各种各样好看和好玩的事物。从此我一直对土壤很感兴趣。”

莱文博士通过地球卫星拍摄的环境监测照片收集信息。她还研究世界各地的土壤怎样变化，并试图找出这些变化的原因。

莱文博士也会给世界各地的学生讲授土壤的知识。学生们收集土壤的数据，莱文博士利用这些数据建立土壤的计算机模型。她发现，土壤把环境中所有其他部分都联系在了一起。

实验园地

家庭活动

莱文博士小时候在土壤中可能发现哪些东西呢？请把它们都列出来。它们各自对于土壤有什么样的益处？

第四章

Chapter 4　Changes on Earth

你将学习

- 地球的圈层结构。
- 一些力量如何快速地改变地球表面。
- 另一些力量如何缓慢地改变地球表面。

地球上的变化

背景知识

力如何改变地球表面？

第四章
词汇

风化

侵蚀

实验园地

指导探究

探索 一些山地是如何形成的？

材料

黏土

蜡纸

做什么

1. 制作**模型**，展示山地形成的一种方式。首先将黏土分别平铺开，再将黏土叠放在蜡纸上。

2. 然后，从黏土两端向内挤压，黏土不要离开蜡纸。

实际生活中，这种变化非常缓慢，无法察觉。

不要因为结果与别人不同而更改自己的记录。

3. 最后，记录下模型发生了什么。绘制草图或图表。

过程中的技巧

科学家们**使用模型**来帮助了解真实事物时，他们会将模型与真实事物进行比较和对比。

解释结果

1. 这个模型展示了山地形成的一种方式。想一想，你认为在这种山地中，岩层大多数是倾斜的还是水平的？请解释说明。
2. 将你的模型与真实的山地进行比较和对比。**使用模型**如何帮助你了解真实的山地？

如何阅读科学

阅读技巧

顺序

顺序是指一系列行动按一定的次序发生。

- 作家会用线索词语如“首先”“然后”“接下来”以及“最后”来表示顺序。
- 艺术家会在绘画中使用数字和标签来表示顺序。

科学文章

火山喷发

火山是怎么喷发的？**首先**，压力和热量使地下的岩石熔化，形成的物质叫作“岩浆”，是一种混合了气体的炽热黏稠的液体。**然后**，一些岩浆通过岩石的裂隙上升。**接着**，熔化的岩石和气体对地表的岩石形成的压力会逐渐增大。**最后**，压力大到一定程度，岩浆、气体和岩石碎块从地下喷涌而出。

运用

建立顺序**模型**说明火山的形成过程。将你读到的信息填入右图所示的组织图中。

首先
↓
然后
↓
接着
↓
最后

你在现场

地平线上那滚滚的云是什么？那隆隆声又是怎么回事？那里是有一场风暴吗？不，那是火山喷发！火山形成的云层升至数英里高，浓厚的烟尘遮天蔽日。是什么力量能造成如此惊天动地的变化？

第一课

什么是地球的内部圈层?

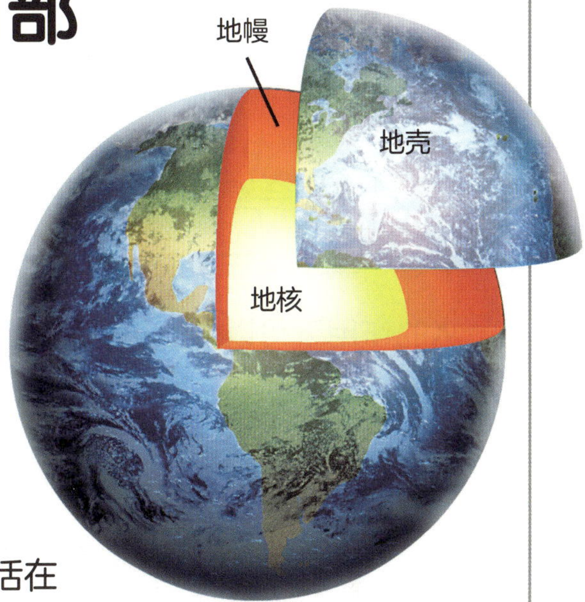

如果能将地球挖去一大块，你就会看到，地球是分层的。

地球的圈层结构

地球主要可以分为三层。你生活在地球的最外层——**地壳**。地壳由不同种类的岩石组成，地壳的厚度各处有差异。大陆下的地壳厚度约37千米（23英里），虽然听上去好像很厚，但如果把地球比作一个桃子，那么地壳的厚度就只相当于一层外皮。

地壳下方是**地幔**。地幔由温度很高的岩浆岩和变质岩组成，像牙膏一样缓慢地流动。

地核是地球的最内层，由金属组成，地核的温度足以使其熔化。地核中心的内核密度非常大，但仍然主要是固体。地核的外核部分是高温、浓稠的液体。

1. 检测点 地核是什么样的?

3. 科学写作 **说明** 将地球的圈层结构与桃子的组成部分进行比较。在你的**科学日记**中，绘制一张带有标签的图示，然后写一段话来比较两者。

地表的形态

你附近的地区有山地、丘陵和山谷吗？它们各自都是一种**地貌**。地貌是地壳上固体呈现的形态特征。其他的特征包括水体。

许多力会塑造地表形态。这些力来自地壳的上方和下方。不过，流水是主要的力量。比如，河流中的卵石和沙子在流水的作用下可以像锯子一样，慢慢把岩石锯穿。洪水将卵石、沙子和泥沙堆积在河的两岸。这些过程会形成谷地。注意下面的地形中哪些是由水塑造的。

谷地
谷地是地壳上低洼的狭长区域。有些谷地是由河流形成的，有些则是由冰川形成的。

冰川
冰川是巨大的运动着的冰体。在寒冷的地方，冰雪年复一年地堆积，形成了冰川。冰川缓慢地向下移动。

高原
高原是海拔高于周围的大片平地。

海洋
海洋是覆盖地球表面近四分之三的咸水。

海岸
海岸是邻接海洋边缘的陆地，形成了海岸线。

本课检测点

1. 对比地球的地壳、地幔和地核。
2. **顺序** 依次列出河流经过岩石时所发生的事情。
3. **科学中的艺术** 画一幅山脉和山谷的图画，并在图上写出它们是如何形成的。

第二课

什么是火山和地震?

火山和地震会引起地貌发生迅速的，有时甚至是危险的变化。

炽热的红色熔岩从火山流出，遇到冷水，便会发出嘶嘶的声音。

火山是怎样形成的?

火山从形成岩浆的地幔深处开始。**岩浆**是在地幔中流动着的炽热的浆状岩石。靠近地表的地方压力变小，岩浆会更容易熔化和流动。由于所含气体的压力，岩浆从地壳薄弱处喷出。火山就是高温物质喷发的一个出口。

火山喷发就像是打开一罐摇晃过的汽水，从液体中分离出的气泡使液体喷出来。火山喷发出的物质包含火山灰和火山渣，以及高温、熔化了的岩石，称为**熔岩**。熔岩冷却凝固，形成岩浆岩。这就是全新的地壳！当岩石堆积到相当高的程度，就形成了山或岛屿。

火山

岩浆聚集在巨大的口袋状区域，称为岩浆房。岩浆从岩浆房沿火山通道或中心通道上升。有时，会有岩浆偏离中心通道，从侧面的出口喷发出来。不过，大部分岩浆都是从火山顶部碗状的火山口喷出的。

夏威夷的这座火山并没有翻滚的尘埃云，因为喷出的物质中气体很少。

火山多次喷发形成的岩浆岩在地壳缺口周围不断堆积，便成为了山。

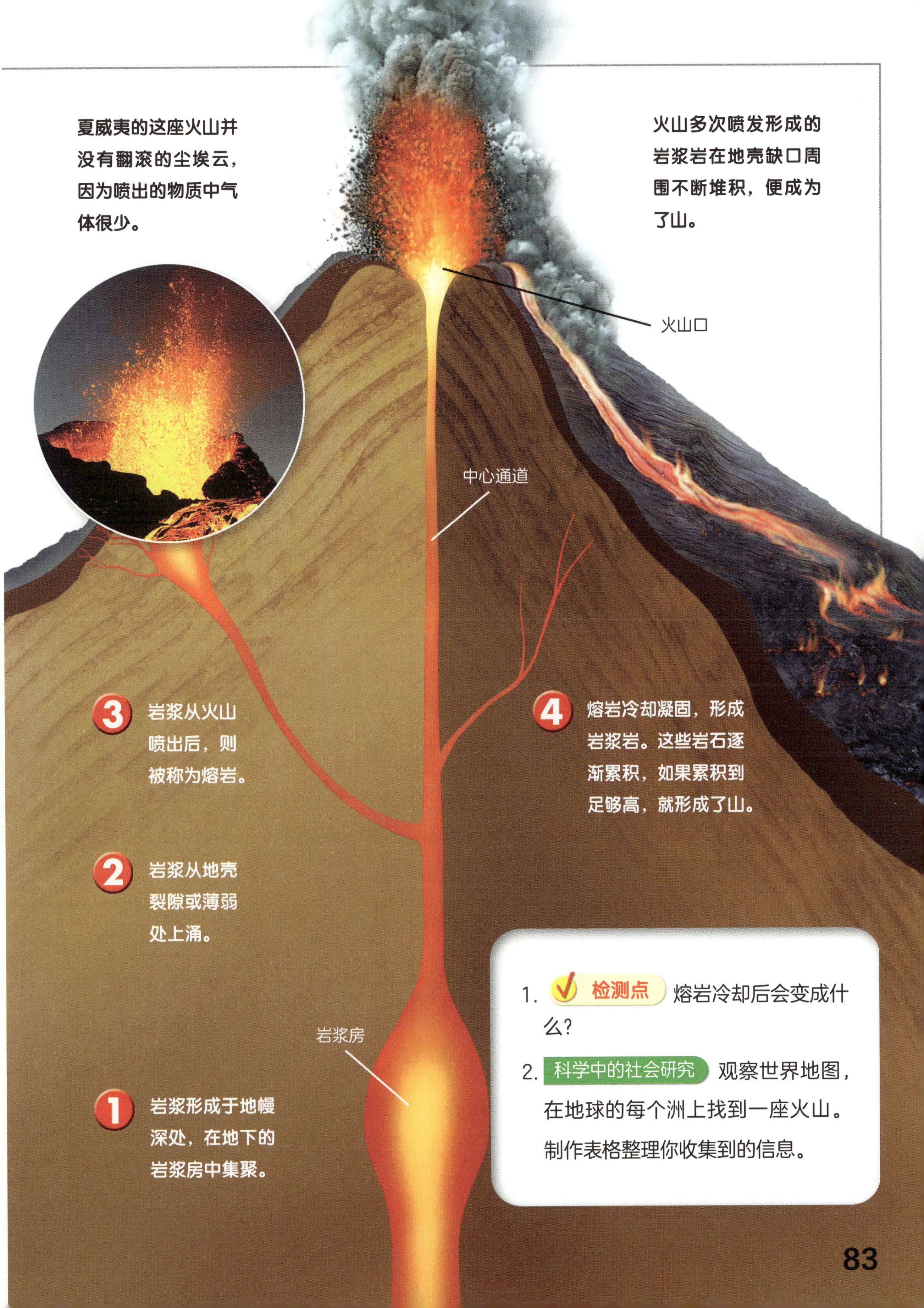

3 岩浆从火山喷出后，则被称为熔岩。

4 熔岩冷却凝固，形成岩浆岩。这些岩石逐渐累积，如果累积到足够高，就形成了山。

2 岩浆从地壳裂隙或薄弱处上涌。

1 岩浆形成于地幔深处，在地下的岩浆房中集聚。

1. 检测点 熔岩冷却后会变成什么？

2. 科学中的社会研究 观察世界地图，在地球的每个洲上找到一座火山。制作表格整理你收集到的信息。

地震

你用薄薄的纸板做过玩具房子吗？突然的碰撞就会让它晃动，甚至倒塌。与此类似的是，地壳不同部分之间的突然移动会引起地面各个方向的震动，这种震动就是地震。大部分地震发生在断层处。断层是地壳上的大裂隙。

地震的震动通过波的形式在地球内传播，地震波沿着地表前后、上下运动。这些地震波会导致地表断裂。地壳移动的地方会有碎石堆积。

这座桥遭到了地震的破坏。

地震的破坏

地震所造成的破坏程度取决于地震到地表的距离以及地壳震动的时长。而且，地震距离城镇越近，对建筑、桥梁以及地下管道的破坏就越大。

地震会引发滑坡。正如你所想到的那样，滑坡就是岩石和泥土滑下斜坡，松散的表面土层顺坡向下滑动。

滑坡可能发生在海底或陆地上。海底的滑坡会带来巨浪。山区的滑坡会破坏房屋、损毁道路，并将大片区域掩埋起来。

如图所示，这是地震引起的震动导致的地裂缝。

这座建筑的一部分在地震中断裂倒塌。

在一次滑坡中，松散的土壤和岩石沿山坡滑了下去。

本课检测点

1. 将岩浆和熔岩进行比较和对比。
2. 地震大部分发生在哪里？为什么？
3. **顺序** 用组织图来说明火山喷发的步骤。

第三课

什么是风化和侵蚀?

风化和侵蚀是改变地表的力量。

这是棵生长在美国亚利桑那州的树，它不断生长的根系能使岩石崩碎。

风化作用

地貌在不断改变，而改变能够发生的前提是地形中的岩石首先要崩解破裂。**风化**是指使岩石崩解或分解成碎块的各种作用。

风化变化过程非常缓慢。有些可能需要不到一年，有些可能需要长达数百年时间。风化作用时刻都在发生着。

植物有时会引起风化。它们的根系长到岩石的裂缝中，随着根系的生长，可以使岩石裂开、崩碎。

水会渗入土壤，这些水可以改变土壤下面岩石中的矿物，使岩石变得脆弱并开始碎裂。

在冰川中，各种力的作用使岩石变得越来越小，越来越光滑。

水结冰或融化会造成风化。水渗入岩石的裂缝中，水结成冰时，体积膨胀，楔入的冰对岩石裂隙施加侧压力，久而久之，岩石就会崩裂。

冰还会以另一种方式风化岩石。冰川是地表上沿地面缓慢移动的巨大冰体。岩石被冰川挟带着一起移动。冰和岩石刮擦地面，这种作用的巨大力量将山谷磨蚀得宽阔而平滑。冰川融化后，大小不一的岩石便被留在了地面上。

1. 检测点 描述风化作用，举出三个例子。
2. 科学中的数学 观察本页的岩石图片。巨砾的大小是粗砾的多少倍？砂粒又比中砾小多少？如果把砂粒沿米尺一字排开，共需要多少颗？

岩石的大小

风化作用会将岩石分解为越来越小的石块。水将岩石冲刷打磨成光滑的圆形。下面从大到小列出了不同岩石的尺寸。

巨砾 300 mm

粗砾 100 mm

中砾 30 mm

砂粒 1 mm

粉粒 每个颗粒都是极细小的灰尘！

黏粒 要用显微镜才能看到黏土颗粒！

海浪挟带着沙子和砾石，用了数百万年，才在这个悬崖上凿出一个洞。

侵蚀作用

有时风化物会留在原地，有时又会被挟带着，迅速或是缓慢地去到别的地方。风化物的这种运动过程就是**侵蚀**。水、风、重力以及冰川会引起侵蚀。

水流中的泥沙沉积下来，形成岛屿。波浪会继续塑造这个岛。

水和风的侵蚀作用

水力侵蚀很常见。雨水冲走农田里的土壤；波浪侵蚀海岸线；河流带走石砾；洪水使泥沙漫过河岸。

侵蚀可以形成新的岛屿。河流将岩石和土壤冲入海洋，这些颗粒会随着时间堆积起来，有些直接就在海岸边形成岛屿，而风和海浪会继续塑造这些岛屿。

风力侵蚀常见于干燥地区，比如沙漠。风把干燥的沙子和土壤吹到其他地方。沙漠中很少有高大的植物，因此也就没有什么可以阻止这些颗粒被吹跑。颗粒撞向岩石，并从岩石表面剥离碎屑。随着时间的推移，越来越多的岩石碎屑被剥蚀。岩石就这样缓慢地变化着。

这座山整个侧面都下移了。

重力及生物的侵蚀作用

重力会造成侵蚀。岩石和土壤在重力作用下向下移动。风化物在缓坡上移动缓慢，而在陡坡上会急速运动。泥流是含水量高的土壤迅速向下流动。岩滑是指岩石沿坡急速向下滑动。

生物也会造成侵蚀。地松鼠在土里打洞，蚯蚓混合与搬运土壤，蚂蚁搬运土壤在地下建蚁穴。随着水和空气穿过这些洞穴通道，侵蚀也在继续。

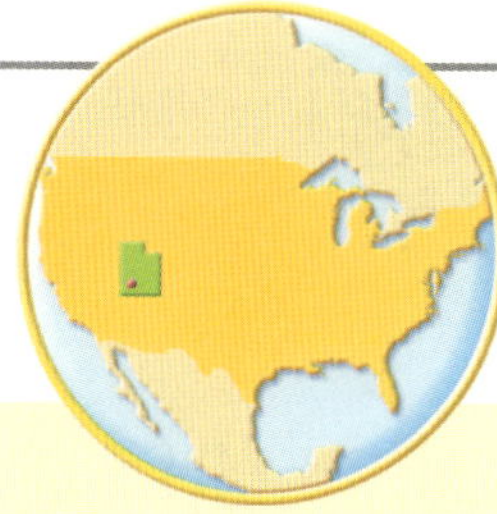

地图事实

犹他州布赖斯峡谷的这些岩石是水的侵蚀作用形成的。这些形状像是生物的奇形岩被称为“石林”。

雨水和融雪刻蚀形成了这些岩柱。

本课检测点

1. 风化和侵蚀有什么区别？又有什么相似之处？
2. 干燥地区的侵蚀大多是什么样的？
3. 科学写作 **说明** 利用上页和这一页的照片，在你的**科学日记**中解释说明水如何引起侵蚀。

实验园地

引导探究

研究 如何观察侵蚀作用？

材料

安全护目镜

小纸杯和铅笔

塑料盒和勺子

沙子、泥、石块

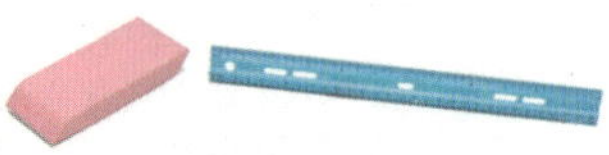
橡皮和尺子

水

做什么

1. 在纸杯底部戳 4 个洞，这就是你的“雨杯”。

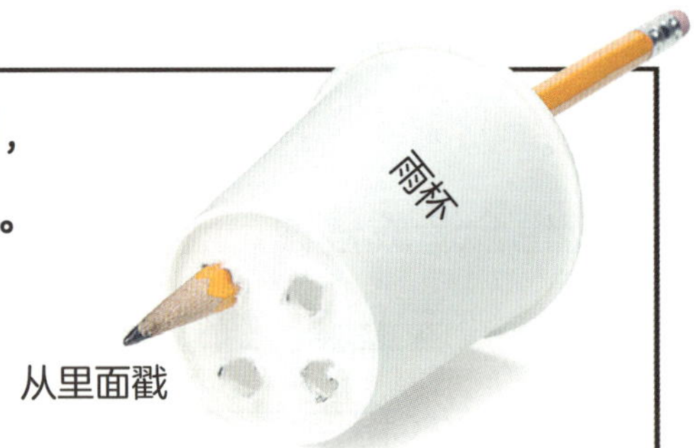

注意！ 要戴安全护目镜！

2. 将沙子、泥浆和石块放在塑料盒中。轻轻地向沙堆、泥堆和石堆吹气，**观察**。

3. 把橡皮垫在塑料盒后侧边缘。用小纸杯装半杯水。把雨杯拿在沙子上方 4 厘米处。快速将水倒进雨杯中。观察并**收集数据**。将你的观察结果记录在表格中。

	风和水的侵蚀量	
	吹气的结果	流水的结果
沙子		
泥		
石块		

过程中的技巧

在表格中记录你仔细**观察**的结果，也是一种**收集数据**的方式。

4 分别对泥浆堆和石堆重复步骤 3。

解释结果

1. **解读数据** 吹气和流水，哪种造成的侵蚀更严重？沙堆、泥堆和石堆，哪个被侵蚀得最多？哪个被侵蚀得最少？
2. 你的**模型**与真实的情况有哪些相似之处？又有哪些不同？如何利用你的模型来了解侵蚀作用？

深入研究

如何改变你的模型，可以防止水或风的侵蚀？想办法解决这个问题，然后用你的模型来测试你的解决方案。

科学中的数学

测量地震

“这次地震的震级为里氏6.7级。”你是否听过新闻记者这样报道地震？这个数字说明了地震的强度。地震的强度取决于岩石沿着断层移动了多少以及地震持续的时间有多长。

下表根据地震强度从弱到强的顺序列出了9次地震。

加利福尼亚州发生的主要地震

位置	强度	断层长度（千米）	时长（秒）
惠蒂尔峡口	5.9	6	3
北棕榈泉	5.9	20	4
博里戈山	6.5	25	6
北岭	6.7	14	7
洛马普列塔	7.0	40	15
兰德斯	7.3	70	24
克恩县	7.5	75	27
旧金山	7.7	400	110
特琼堡	7.8	360	130

根据第 92 页的表格回答下列问题。

1. 哪次地震强度最大?

A. 旧金山　　B. 克恩县

C. 洛马普列塔　　D. 特琼堡

2. 哪次地震持续时间最短?

A. 惠蒂尔峡口　　B. 特琼堡

C. 兰德斯　　D. 北岭

3. 哪次地震断层长度最长?

A. 北棕榈泉　　B. 博里戈山

C. 特琼堡　　D. 旧金山

4. 下列哪项陈述是正确的?

A. 断层长度越短，地震强度越大。

B. 断层长度越长，地震强度越小。

C. 强度大的比强度小的地震持续时间长。

D. 强度小的比强度大的地震持续时间长。

实验园地

家庭活动

利用图书馆查询以下这些地震的数据：1960年，智利；1964年，阿拉斯加；1963年，千岛群岛；1938年，印度尼西亚以及 1952年，堪察加半岛。将这些地震列在表格中（参考上页的表格）。这些地震与加利福尼亚州发生的地震相比的话，如何?

第四章回顾与备考

词汇运用

地核（79）	**地幔**（79）
地壳（79）	**地貌**（80）
熔岩（82）	**岩浆**（82）
风化（86）	**侵蚀**（88）

从上面的词汇中选出最恰当的，将下列句子补充完整。

1. 地表上炽热、熔化的岩石是_____。

2. _____是地球的最内层。

3. 丘陵、山地和山谷都是_____。

4. 地球最薄的一层是_____。

5. 在地下深处形成的炽热、熔融的岩石是_____。

6. 岩浆形成于地球内最厚的一层，叫作_____。

7. 岩石分解成碎块的过程叫作_____。

8. 风化物的移动过程叫作_____。

概念解释

9. 生鸡蛋和煮熟的鸡蛋，哪个更适合作为模型解释地球的圈层结构？解释你的选择。

10. 解释风化和侵蚀如何改变地球的地貌。

11. 火山如何改变地表？

12. 比较和对比风力侵蚀与水力侵蚀。

过程中的技巧

13. **分类** 判断下列每一项的分类是风化还是侵蚀。

Ⓐ 夹杂淤泥的河水涌出河堤

Ⓑ 水在悬崖裂缝中结冰

Ⓒ 泥浆滑下山坡

14. **模型** 画一系列的四幅图展示火山逐渐形成的过程。

15. **推论** 在一个有几座建筑的小镇和一个有很多摩天大楼的城市之间，有一条断层。小镇距断层10英里，城市距断层5英里。请你据此推断哪个地区在地震中受到的破坏更严重。

顺序

16. 绘制如下的组织图。填写空格，说明水将岩石风化的步骤。

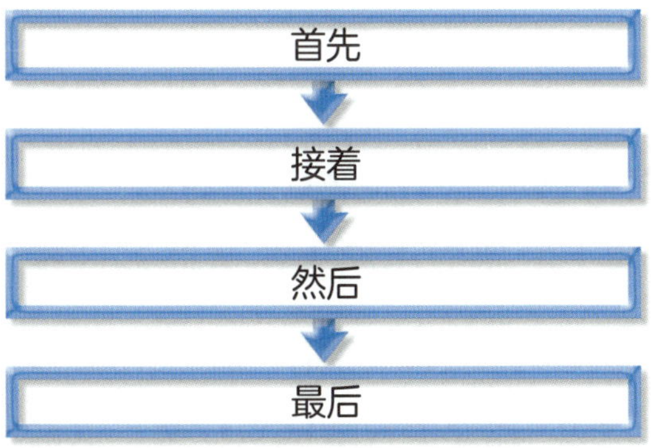

备考

选择合适的选项完成句子或回答问题。

17. 为什么在足以熔化的高温下，地球的内核还是固态的？因为_____。

Ⓐ 它在地球的中心

Ⓑ 它比地幔体积小

Ⓒ 它由岩浆岩组成

Ⓓ 它受到巨大的压力

18. 为什么水会成为一种重要的风化原因？因为_____。

Ⓐ 水是液体

Ⓑ 水结冰时体积会膨胀

Ⓒ 水会蒸发

Ⓓ 总是会下雨

19. 为什么沙漠中风的侵蚀尤其明显？因为_____。

Ⓐ 沙漠很潮湿

Ⓑ 沙漠很干燥

Ⓒ 沙漠是种地貌

Ⓓ 沙漠中没有生物

20. 科学写作 **叙述** 想象一下1906年的旧金山。那一年，这座城市发生了一场强烈的地震。写一段话讲述你在地震中可能的经历。描述地震期间以及接下来一周发生的事情。

琼·迪基博士

人物传记

琼·迪基博士利用从太空中对地球的观察来测量地球的运动。

从小在宾夕法尼亚州长大的琼·迪基，和她的妈妈一样，对数学和科学有着强烈的兴趣。她还在读大学时，就已经在阿贡国家实验室工作了。这个实验室的研究涉及数学和科学的诸多领域。

如今，迪基博士是美国国家航空航天局喷气推进实验室的物理学家。迪基博士最近的一个项目是调查为什么地球的中间部分似乎在膨胀。没错！地球赤道附近正在每年“变胖”1毫米。经过大量研究，迪基博士等人发现了地球“增重”的两个原因。一个是冰川的快速融化，另一个是地球海洋大小和形状的变化。

迪基博士的研究小组也负责监测地球在太空中的运动。就连地球在太空中位置的细微移动，他们都要进行测量和记录。这些信息可以用于帮助航天器导航。

实验园地

家庭活动

将地球赤道附近正发生的事情画成漫画并涂上颜色，再写上几句话，说明其变得越来越大的原因。

第五章

Chapter 5　Natural Resources

自然资源

你将学习

- 我们使用自然资源的方式。
- 可再生资源和不可再生资源的区别。
- 保护自然资源的方式。

背景知识

人们如何负责任地使用自然资源?

第五章
词汇

实验园地

指导探究

探索 如何对资源分类?

资源是人们使用的东西。本页中列出的所有材料都来自资源或是由资源制成。

材料

葡萄

纸

毛织物

铝箔

盛有水的杯子

塑料瓶

太阳能

做什么

1. 对右侧“资源列表”中的资源进行**分类**。它们属于A组、B组，还是C组?
2. 观察左侧“材料”列出的每种材料，将它们与各自的资源来源进行匹配。

资源列表
葡萄树
河流
树木
铝土矿（从地下开采，含有铝）
绵羊
阳光
石油（从地下抽出的原油，用于制造塑料）

A组

不可替代

B组

可以在较短时间内更新替代

C组

不会用尽

3. 现在，根据材料所属的资源种类进行分类。

过程中的技巧

当你将材料归入不同组别时，你根据它们所来源的资源种类进行**分类**。

解释结果

解释你是如何对资源和材料进行**分类**的。

如何阅读科学

阅读技巧

比较和对比

比较就是发现事物之间的相同之处。

对比则是区分事物之间的不同之处。

- 例如“类似”“像”“全都”“两者都”“同样”等词语提示事物之间在比较。
- 例如“不同”“不像”“不一样”等词语提示事物之间在对比。

科学文章

蚯蚓洞

生活着蚯蚓的土壤**不同于**其他土壤。蚯蚓会在土里打洞，植物的生长情况也会因此**有所不同**。

植物的根系沿着蚯蚓洞会生长得更快。根系所需的雨水和空气也能更快地从通道中通过。此外，蚯蚓会把排泄物留在洞中，其中含有植物生长所需的许多营养物质。

与有蚯蚓的土壤**不同**，没有蚯蚓的土壤植物很难茁壮生长。

运用

学习下面的组织图。

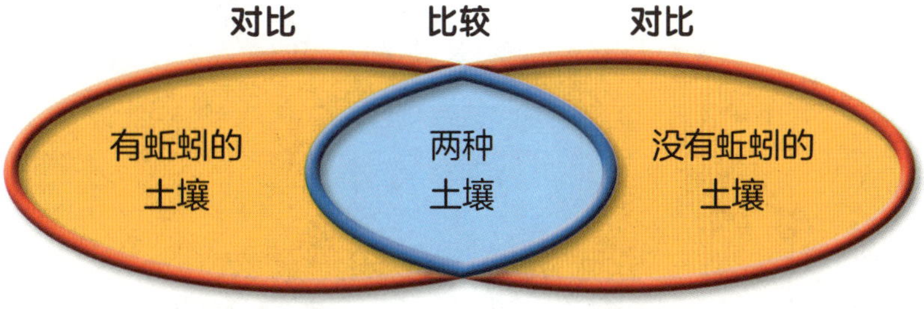

绘制一个这样的组织图，用它来对这两种土壤的相似和不同进行分类。

你在现场

你漫步在一片茂密的绿色森林中。针叶铺成一层柔软的垫子，踩在上面，脚步悄无声息。你闻着树的气息，听到花栗鼠在树枝上唧唧喳喳。鸟儿们飞来飞去。这地方如此美妙！但很快这些树就会被砍倒，制成木材和纸张。我们能不能既保护我们的森林，又制造出我们所需的产品呢？

第一课

什么是资源?

我们使用的一切都来自地球上所找到的材料。有些材料可以被取代，有些却不能。还有些资源是永远不会用尽的。

木材厂或造纸厂使用的原木都来自树木。

可再生资源

我们需要的物品来自自然资源。**自然资源**是地球上生命所需的重要材料。

树木是一种自然资源。人们为了获取木材而砍伐树木。木材用于建造新的房屋。木屑被打成纸浆，纸浆又被制成纸。纸制品包括盒子、报纸和书籍。

木材厂将树干锯成木板，用来建造房屋。

人们可以通过种植新的树木取代被砍伐的树木。新的树木如果能获得所需的阳光、空气和水，就可以生长得足够高大，之后又可以被砍伐。在短时间内可以再生的资源叫作可再生资源。树木就是一种**可再生资源**。

1. 检测点 为什么有些资源是可再生的?
2. 科学写作 **说明** 在你的**科学日记**中绘制一个两列的表格。一列标题是“木材”，另一列标题是“纸”。在表格中列出你在家中找到的纸制或木制的物品。然后写两段话，讲一讲你家是如何使用纸制品和木制品的。

不可再生资源

有许多自然资源来自地下。矿工从地下开采的岩石称为矿石。矿石包含金属和人们所需的其他矿物。铜、铁和铝是一些有用的金属。赤铁矿是一种含有金属铁的矿石。

铁可以炼成钢。钢被用来制造钉子、汽车和其他许多产品。地下的铁矿石只有这么多，一旦用尽，就不会再生。无法再生的资源叫作**不可再生资源**。

煤是一种不可再生资源。和石油、天然气一样，煤是一种燃料。煤燃烧时可以释放出有用的能量。燃料产生的能量可以给房屋供暖，还可以为汽车和工厂提供动力。从地下挖掘更多这样的材料，我们就可以获得更多燃料。但是，这些燃料的供应是有限的。

资源的使用	
资源	**用途**
石油	汽油、油漆、塑料、洗发液
煤	电力、热能、涂料稀释剂、杀虫剂
铁矿石	机器、自行车、汽车、建筑

钻油塔将石油从地下抽出来，其中一些被加工成汽车用的汽油。

我们用完了一个地方的矿石、矿物或燃料资源之后，就要去新的地方寻找这些资源。采矿和钻探会留下永久的痕迹，如图中的露天矿山。获取地球自然资源的过程会改变地表。

赤铁矿是一种含有铁的矿石。

取之不尽的资源

有些自然资源是取之不尽、用之不竭的。植物生长需要阳光、空气和水。我们需要呼吸空气和喝水。这些资源是不会用尽的。阳光、空气和水是地球上源源不绝的资源。

这块煤是在数百万年前的植物生长过的泥土中形成的。

矿山上，巨大的起重机将煤装到自卸卡车上。

本课检测点

1. 列举两种不可再生资源。

2.为什么煤是不可再生资源？

3. **比较和对比** 可再生资源和不可再生资源有什么相同点，有什么不同点？

第二课

如何保护我们的资源？

我们必须保护资源，不要耗尽资源或是破坏资源。

负责地使用资源

当人们选择走路而不是开车，就是在节约燃料。选择包装较少的产品，就是节约纸和塑料，减少垃圾。以这些方式节约就是**保护资源**。保护资源就是合理地使用自然资源，不要浪费资源或把资源耗尽。

保护水资源

节约用水可以保护水资源。刷牙的时候可以关掉水龙头，也可以在洗澡的时候缩短淋浴时间。

社区保护水资源的一种方式是对使用过的水净化处理。湿地可以净化污水。首先，污水被排入湿地系统，土壤会过滤掉其中的有害颗粒。然后，植物和微生物分解颗粒物。最后，水变得足够干净，可以重新流回河里并被再次使用。

佛罗里达一处的污水通过管道进入湿地，净化达标后再被排放到河里。

农民使用再生水浇灌作物。

保护土壤

土壤需要保护，防止被侵蚀。一些农民会环绕着山坡种植作物，而不是顺坡种植。一行行排成弧线的植物可以拦阻雨水的冲刷，土壤就可以吸收水分而不是被冲走。农民也会在农田附近种植树木，防止土壤被风吹走。

城市中的人们需要越来越多的空间，他们经常将新的房屋建造到附近的农田里。建筑和路面覆盖了土壤，使农田减少。垃圾填埋场也可能占据农田的空间。

在自己的院子里就可以保护土壤。我们可以不把院子里修剪下的草和叶子送去垃圾填埋场，而是堆放起来，由它们腐烂。腐烂后的材料会变成堆肥。你可以用堆肥给花园的土壤施肥。

我们可以让这些叶子腐烂，变成堆肥，增加土壤的养分。

等高耕作可以防止土壤流失。

1. 检测点 描述人们保护水资源的方式。
2. 科学写作 **说明** 研究制作可以用作肥料的堆肥的方法。在你的**科学日记**上写一段话进行说明。

垃圾无处可放

我们使用的一切都是由自然资源制成的。例如，塑料牛奶盒由石油制成，食品罐由钢和锡等金属制成。当我们不再需要这些产品时，就会把它们扔掉，它们就成了垃圾。问题是这些垃圾从来都没有真正地消失。通常会有卡车将垃圾运往垃圾填埋场。垃圾填埋场是集中填埋垃圾的大片场地。垃圾被堆放在衬垫上，以免污染物渗入地下水。当我们把垃圾放在适当的地方，就不用再看到、闻到或担心那些会让我们生病的垃圾了。但是垃圾依然存在，垃圾填埋场也在不断扩大。

我们每年把2亿多吨垃圾放到这样的垃圾填埋场中。

我一年有多少垃圾？（美国）	
材料	**质量（千克）**
 纸	250
塑料 	80
 金属（钢罐）	40
金属（铝罐） 	10
玻璃 	40
食物垃圾 	80

许多垃圾填埋场正渐渐被填满并关闭。美国全国垃圾填埋场的数量从1988年的8000个减少到今天的不足2000个。我们需要更多的土地来填埋垃圾，但同时大多数人都希望将土地用于其他用途。

减少垃圾填埋场空间需求的一个方法是用专用焚烧炉来焚烧垃圾。垃圾焚烧也可以产生能量给建筑供暖和发电。但是，燃烧产生的烟气必须经过净化。烟气如果没有净化，会污染我们呼吸的空气。专门的烟气净化设备非常昂贵。

另一种减少垃圾填埋场需求的方法，就是减少我们产生的垃圾数量。否则，我们需要建造100个新的垃圾填埋场。那么有哪些方法能够减少垃圾产生量呢？

这些是我们每天使用的物品。其中一些材料可以重复使用吗？

本课检测点

1. 大部分垃圾被从家里带走后，运去了哪里？
2. 节省垃圾填埋场空间的办法有哪些？
3. **科学中的数学** 如果你每天扔掉2千克垃圾，一年会扔掉多少垃圾？

第三课

有哪些再次使用资源的方法？

很多东西都可以多次使用。旧材料可以用来制造新东西。资源重复使用和循环利用可以保护土地，减少对垃圾填埋场的需求。

资源再次使用

重复使用就是在保护资源。例如，你可以重复使用手帕，而不是用纸巾。你可以重复使用空罐子来储存剩余的食物。又或者你可以把玩具或是穿不了的衣服送给别人用。

另一种保护资源的方法是循环利用包含有用材料的物品。**循环利用**是指将物品改变为可再利用材料的过程。然后就可以用物品中有用的资源来制造新的产品。有许多这样的新产品是由循环利用的金属、玻璃、塑料或纸制成的。

1

玻璃分类
回收的玻璃瓶和罐子被根据颜色分类，然后打成碎片。

2

运输到玻璃公司
碎玻璃装箱后被运往玻璃再加工公司。

让我们一起来了解玻璃等物品循环利用的过程。回收厂的工人将玻璃按颜色分类。常见的颜色有无色、棕色和绿色。然后将这些瓶子和罐子打成玻璃碎片，运到玻璃公司。玻璃碎片必须先通过磁铁，以去除其中的金属盖和金属环，然后被粉碎成晶粒大小的碎玻璃。碎玻璃经过清洗和干燥，现在，已经可以用来制造新的玻璃物品了。把碎玻璃在熔炉中熔化，再用机器吹制成玻璃瓶和玻璃罐，有些会被压平做成窗户玻璃。玻璃通过这种回收利用方式，就可以被反复使用。

1. 检测点 四种主要的被循环利用的材料是什么？

2. 比较和对比 玻璃和水的循环利用有什么相同点和不同点？

3

玻璃分类

玻璃碎片被粉碎成晶粒大小，然后被清洗和干燥。

4

制作新的玻璃瓶

碎玻璃被熔化并重新制成玻璃瓶和玻璃罐。

节约能源

100瓦灯泡

食物罐

玻璃瓶

制造新的钢罐和玻璃瓶比循环利用它们需要更多的能量。回收一个浓汤罐头所节约的能量，可以让一个100瓦的灯泡发光约半个小时；回收一个玻璃瓶节约的能量，可以发光四个小时。

这个箱子由循环利用的塑料制成，可以使用约50年之久。

这面墙由旧的金属路标制成。

重复使用的塑料制成了一个漂亮的花盆。

使用循环利用的材料

重复使用和循环利用并不是新的概念。你的曾祖父母可能就曾经买过布袋装的面粉。他们把空的布袋清洗干净，剪开，然后缝成抹布、毛巾甚至衣服！

今天，循环利用比以往更容易。许多社区收集日常垃圾时，会收集可循环利用的物品。电影院和办公楼等场所都设有收集瓶瓶罐罐的专门容器。杂货店收集可循环利用的旧塑料购物袋。

要节省循环利用材料，需要人们购买或使用包含这些材料的商品。比如，你可以购买循环材料制成的商品。或许你的下一个睡袋就是塑料瓶撕碎作填料的；下一件毛衣可能是用旧衣服上回收的纱线织成的。又或者你去玩耍的操场，地面是由汽车的废轮胎片铺成的。

这个玩具房屋是用回收的塑料牛奶瓶制成的。

3R（Reduce, Reuse and Recycle）

有没有什么好办法，让你可以记住所学的保护自然资源的方式？记住三个“R”（减少使用、重复使用和循环利用）就可以。减少使用的资源和产生的垃圾数量。以新的方式重复使用旧的东西。循环利用一切可以循环利用的东西。每当你实践3R其中之一时，你就是在保护地球。

这个睡袋中的填充物以及这件毛衣的毛线是用循环材料制成的。

本课检测点

1. 为什么循环利用很重要？
2. 什么是3R？
3. 科学中的艺术 画图或制作模型，展示你会如何用不寻常的方法重复使用物品。

实验园地

引导探究

研究 淡水资源在哪里？

下雨时，一些雨水会渗入地下。这些水蓄集在含水层中，也就是地下岩石、碎石和沙子的所在层。人们打井获取地下水。人们也从湖泊和河流中取水。

材料

安全护目镜

容器和碎石

纸杯和水

尺子

铅笔和胶带

喷雾喷嘴和一块尼龙布

塑料袋

做什么

1. 制作下图所示的含水层**模型**。
2. 慢慢加水，直到“湖”的深度达到 1.5 厘米。
3. 造雨。在“陆地”上方拿着杯子，杯底朝下。让你的同伴往杯子里倒入一杯水，同时你要移动杯子。请观察水平面。

过程中的技巧

收集数据的时候，可以制作并使用表格或图表记录你的**观察**。

4 用尼龙布包住喷雾喷嘴的底端，用胶带贴住。把喷嘴底端插入含水层中，然后按压喷嘴。让你的同伴拿着一个塑料袋，而你把水喷进塑料袋里面。**观察**。

你在模拟大量抽水的影响。

注意！ 戴上安全护目镜！

5 将你的观察记录在表格中。为你的模型绘制一张简图或示意图，并做上标识。

	观察		
	地下水位高度的变化（上升、下降、没有变化）	**湖泊深度的变化**（上升、下降、没有变化）	**对观察结果的解释**（你是怎么知道的？你为什么这么认为？）
下雨			
抽水			

解释结果

1. **推论** 思考真实的含水层。降雨和打井抽水会如何影响水位？
2. 过多地抽水可能会造成什么问题？如何解决这些问题？

深入研究

改变你的模型，展示污染是如何进入含水层的。

循环利用

几乎我们扔掉的所有东西都可以循环利用。但我们对有些东西会比对其他东西循环利用得更好。

每100千克纸制品的循环利用量

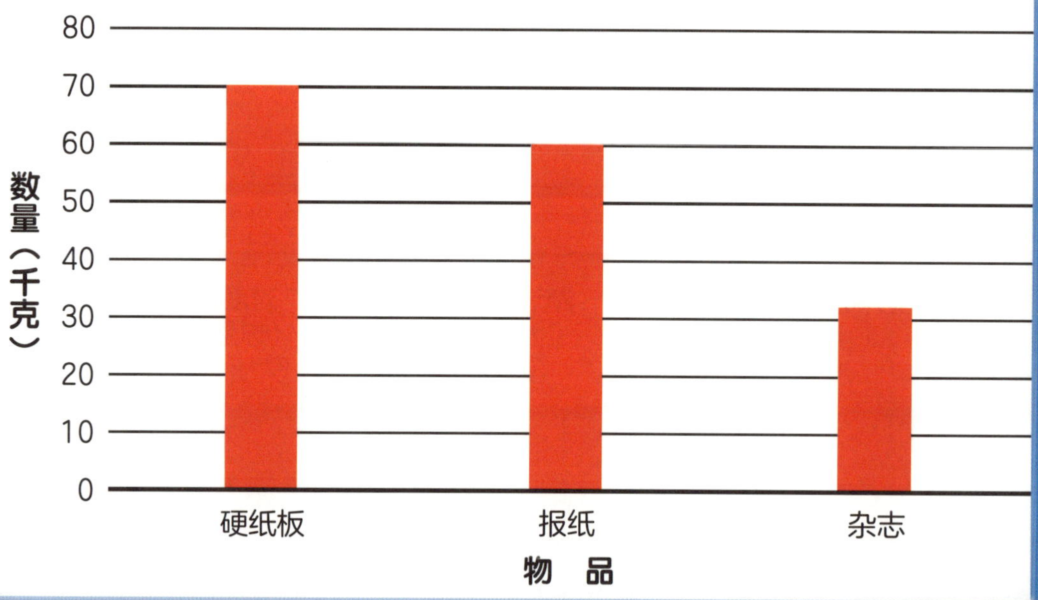

以上柱状图显示了我们对三种不同纸制品的循环利用。我们每生产100千克硬纸板，会循环利用其中的70千克；每生产100千克报纸，会循环利用60千克；而每生产100千克杂志，只会循环利用32千克。

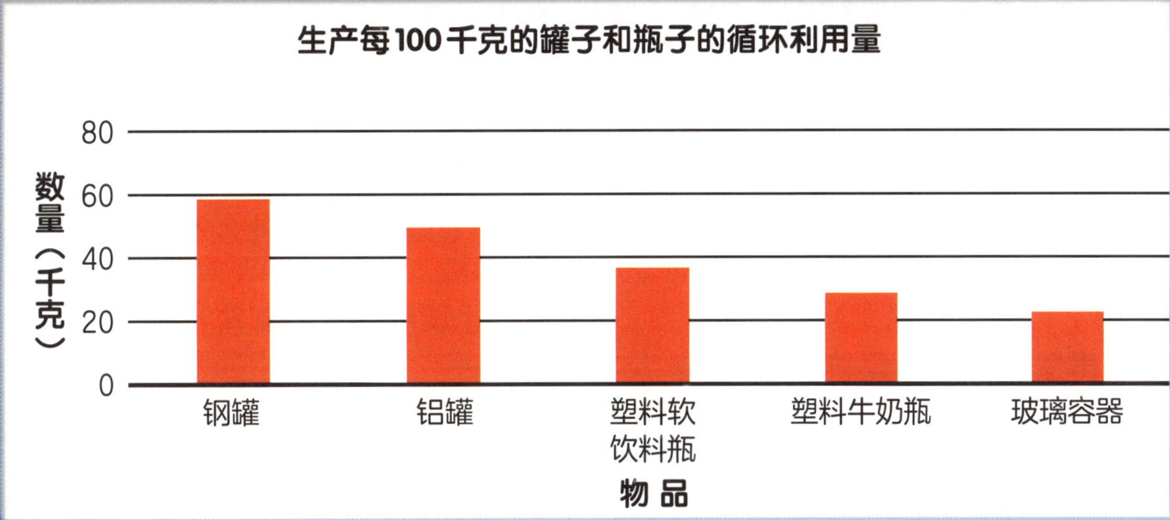

这个柱状图显示了我们生产的每100千克的罐子和瓶子的循环利用量。根据上图回答问题。

1 每生产100千克玻璃容器，我们能循环利用其中的多少？

A. 约58千克

B. 约32千克

C. 约28千克

D. 约22千克

2 哪种容器循环利用得最多？

A. 钢罐

B. 铝罐

C. 塑料软饮料瓶

D. 塑料牛奶瓶

3 我们每生产100千克铝罐，有多少**没有**被循环利用？

A. 约50千克

B. 约20千克

C. 约80千克

D. 约100千克

实验园地

家庭活动

循环利用1个玻璃罐所节约的能量可以让电视开3个小时。找一找你家厨房里有多少玻璃罐。循环利用这些玻璃罐所节约的能量可以让电视开多少小时？

第五章回顾与备考

词汇运用

自然资源（103）	**可再生资源**（103）
不可再生资源（104）	**保护资源**（106）
循环利用（110）	

从上面的词汇中选出最恰当的，将下列句子补充完整。

1. 树木、铁矿石、水和空气各自都是一种_____。

2. 在短时间内可以再生的自然资源是_____。

3. 当我们改变某种东西以使其能够被再次利用，我们是在_____。

4. 一旦用尽就无法再生的资源是_____。

5. 节约并合理地使用地球资源就是_____。

概念解释

6. 解释可再生资源（比如树木）和不可再生资源（比如铁矿）的区别。

7. 有限资源（比如铁）和无限资源（比如空气）的区别是什么？

8. 保护土壤的方式有哪些？

9. 为什么将庭院垃圾和厨余垃圾做成堆肥是解决垃圾问题的一种途径？

10. 为什么保护自然资源对每个人都很重要？

11. 为什么人们应该尽量购买用循环材料制成的物品？

过程中的技巧

12. 牛奶来自奶牛，做衣服的羊毛来自绵羊。**推论**牛奶和羊毛是可再生资源还是不可再生资源。解释你的答案。

13. 在一张纸上画出如下的表格。然后对纸、塑料或金属等垃圾进行**分类**。

垃圾	类别
牛奶盒	
软饮料罐	
杂志	
洗衣液瓶	

比较和对比

14. 画出如下的组织图。在每个部分分别写上重复使用和循环利用的相同点和不同点。

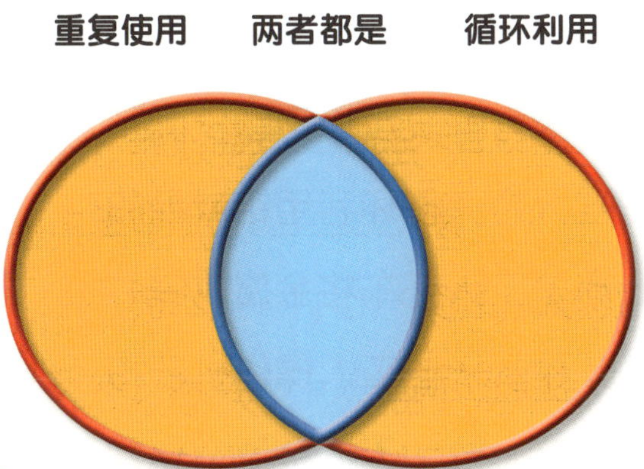

备考

选择合适的选项完成句子或回答问题。

15. 下列哪项是可再生资源？

Ⓐ 煤　　Ⓑ 石油

Ⓒ 铝　　Ⓓ 阳光

16. 下列哪项不是在保护土壤？

Ⓐ 种植不同作物

Ⓑ 在田边种植树木

Ⓒ 顺坡耕种

Ⓓ 向土壤中添加堆肥

17. 下列哪项是不可再生资源？

Ⓐ 石油

Ⓑ 铁矿石

Ⓒ 水

Ⓓ 树木

18. 有许多电厂是用煤发电的。下列哪种方式可以节约煤炭资源？

Ⓐ 骑自行车而不是开车

Ⓑ 出门的时候开着电视

Ⓒ 离开房间时把灯关掉

Ⓓ 用堆肥种花

19. 解释一下第18题你的选择，以及为什么其他选项不正确。

20. 科学写作 **叙述** 写一个故事，讲一讲一个人看到自然资源没有被保护，会因此做些什么。

回收厂工人

工人把要回收的纸进行分类。

回收的纸又制成了可以使用的纸。

许多人都在努力保护我们的自然资源。他们从事着各种各样的工作，回收工厂工人就是其中之一。但要记住，合理使用资源、保护资源是我们每天都可以做的事情。

回收工厂的工人为解决垃圾问题贡献了自己的力量。有些人是在循环利用铝或钢的回收工厂工作，有些工人开车将金属收集并运回工厂。在工厂中，一些工人操作机器将金属切成碎片，还有一些工人把金属熔化并做成新的产品。

回收工厂工人大多需要至少有高中学历。

实验园地

家庭活动

纸、铝罐、钢罐和塑料是可回收的。请列出回收家中的这些物品所需要的步骤。

聊聊考试

考试策略

- 找到关键词
- ▶ 选择正确的答案
- 利用文本和图表中的信息
- 写下答案

选择正确的答案

回答选择题，你需要在多个选项中选择一个答案。阅读这段话，然后回答问题。

蒸发将水变成一种看不见的气体，称为水蒸气。**凝结**将水蒸气变成液态的小水滴。这些过程是水循环的一部分。

水也会导致**风化**，可以使岩石碎成小块。然后水又会把风化的岩石带到不同的地方。

地球上水的总量不变。但是，保护淡水资源以及避免浪费非常重要。

运用所学知识

要选择正确的答案，可以先排除你确定是错误的答案。

1. 在这段话中，“凝结”的意思是______。

Ⓐ 液态水变成水蒸气　　Ⓑ 水蒸气变成液态水

Ⓒ 液态水变成固态的冰　　Ⓓ 固态的冰变成液态水

2. 在这段话中，“风化”的意思是______。

Ⓐ 造成天气类型　　Ⓑ 将水蒸气变成云

Ⓒ 将碎石带到不同的地方　　Ⓓ 使岩石碎成小块

3. 下列哪项关于水的陈述是正确的？

Ⓐ 地球上水的总量在不断变化。　　Ⓑ 水可以改变地表。

Ⓒ 凝结将液态水变成水蒸气。　　Ⓓ 蒸发将水蒸气变成液态水。

整　理

第一章

水的形态如何变化?

- 生物的生存离不开水。人们利用水的方式有很多。
- 受热和冷却使水在液态、固态和气态之间变化。

第二章

天气有什么样的模式?

- 太阳使地球升温的方式以及水循环的影响导致了各种天气模式。
- 了解天气模式可以帮助人们预测天气并确保安全。

第三章

岩石和土壤有哪些种类?

- 根据形成方式以及矿物组成可以区分不同的岩石。
- 土壤覆盖了地球的大部分陆地，由石粒、水和腐殖质组成。

第四章

力如何改变地球表面?

- 地球内部的力可以导致火山和地震，从而快速改变地表。
- 风化和侵蚀可以缓慢或快速地改变地球表面。

第五章

人们如何负责任地使用自然资源?

- 人们可以种树以代替被砍伐的树木，并采取一些措施来保持土壤健康，并使之可以再次使用。
- 人们可以通过减少资源的使用量和产生的垃圾数量来保护自然资源，还可以重复使用和循环利用材料。

表现评估

识别水的变化形态

水可以是固态、液态或气态。你能识别出水的哪些变化形态？把冰块和水放到塑料杯里，把杯子放在温暖的地方，然后观察一段时间。开始时水的形态是什么样的？后来形态又是如何变化的？

阅读更多地球科学书籍！

到图书馆寻找相关图书来阅读。

实验园地

完全探究

实验 什么会先沉淀？

河水流向海洋的时候，会携带土壤颗粒。土壤颗粒有大有小，其中有一些可能会很快从水里沉淀下去，不会被带到远处，而有一些沉淀得非常慢，会被水带到很远的地方。

材料

3 只小量杯

小的碎石、沙子、黏土

手持放大镜

带盖的塑料瓶

漏斗和水

提出问题。

水中的颗粒如何沉淀？

做出假设。

大的颗粒比小的颗粒沉淀得更快、更慢还是速度一样？写下你的**假设**。

确定并控制变量。

你要改变的**变量**是颗粒的大小。你要**观察**的变量是颗粒沉淀的速度。实验的其他部分都必须要**控制**，或者说保持一样。

控制每种颗粒的量。使用同样多的碎石、沙子和黏土。控制瓶子摇晃的时间，所有瓶子摇晃的时间长短要相等。控制颗粒开始沉淀的时间，让所有瓶子在同一时间停止摇晃。

过程中的技巧

实验中有一个你要改变的**变量**、一个你要**观察**的变量以及一些你要**控制**的变量。

检验假设。

1 **测量** 30 mL 的碎石、30 mL 的沙子和 30 mL 的黏土。观察这些颗粒。用放大镜观察它们的大小、形状和颜色。在表格中记录下它们的大小（最小、中等大小、最大）。

2 把每种颗粒装入不同的瓶子。用漏斗往每个瓶子里注入 $\frac{3}{4}$ 瓶水。

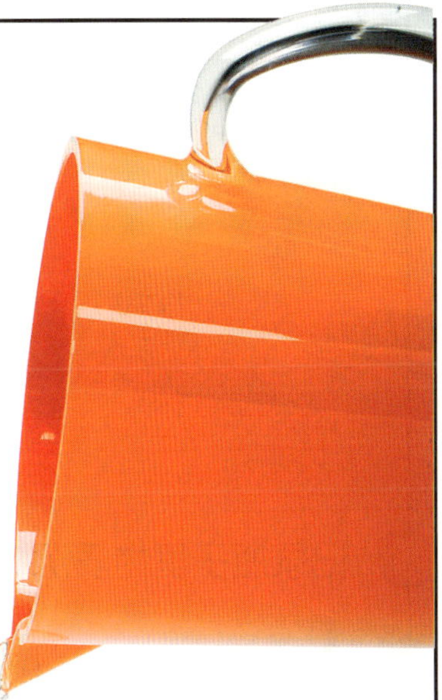

3 拧紧盖子。**预测**哪种颗粒会沉淀得最快。与小组里的另外 2 个人一起，开始摇晃瓶子。

提示：如果漏斗堵住了，可以敲一下或晃一下漏斗。

4 同时停止摇晃瓶子，把瓶子放在桌子上。观察发生了什么。

5 记录瓶子里物质沉淀的先后顺序。

6 重复两次。总共进行3次试验。将你的结果与自己的预测以及与其他组的结果进行比较。

收集并记录数据。

颗粒种类	颗粒大小 （最小、中等大小、最大）
小的碎石	
沙子	
黏土	

解读数据。

完成表格，分析数据。比较颗粒的大小以及它们的沉淀速度。

颗粒种类	沉淀速度（最快、中等速度、最慢）				
	预测	试验A	试验B	试验C	总体
小的碎石					
沙子					
黏土					

你认为科学家为什么需要重复实验？

颗粒种类	颗粒大小（最小、中等大小、最大）	沉淀速度（最快、中等速度、最慢）
小的碎石		
沙子		
黏土		

说明结论。

与小组的其他成员合作。讨论你们的结果。考虑其他人的解释，尊重他们的想法。根据你的数据得出结论。你的结论是否与假设相符？和大家**交流**你的结论。

深入研究

如果将不同大小的土壤颗粒混合在一起，会发生什么？根据这次活动的结果进行预测。设计并实施计划进行研究。

科学节项目

预测天气

天气模式可以帮助人们预测天气，但预测可能会出错。

想法： 将你对天气的观察与电视、广播和报纸上的天气预报进行比较，看看这些预报是否准确。

比较土壤

土壤中砂粒、粉粒、黏粒和腐殖质的含量不同。

想法： 用放大镜观察比较你所在地区的土壤样本。

地震模型

大多数地震发生在地壳断裂处。

想法： 用黏土、硬纸板和其他物品来模拟地震中地壳、道路和其他物体会发生的情况。

循环利用

循环利用可以节约垃圾填埋场的空间以及各种资源。

想法： 利用你所在社区进行的循环利用项目的有关信息，举例展示哪些物品可以循环利用，并说明循环利用的方法。

完全探究

使用科学方法

1. 提出问题。
2. 做出假设。
3. 确定并控制变量。
4. 检验假设。
5. 收集并记录数据。
6. 解读数据。
7. 说明结论。
8. 深入研究。

提示

请各位读者在阅读本书之后，继续学习《美国科学 · 太与技术 · 第三级》第 EM1-EM9 页的内容。

术语表

（请在这里查阅和学习本册中出现的术语，它们按照页码顺序排列，每个词语都配有英文对应词，并附有释义。）

结果 effect 5
由某种原因导致的现象。

水蒸气 water vapor 10
空气中看不见的气体形态的水。

地下水 groundwater 11
缓慢地渗入土壤并蓄集在地下岩石空隙中的水；通过打井被带到地表。

湿地 wetland 11
一年中至少有部分时间被水覆盖的低地生态系统，草沼和树沼都是湿地。

蒸发 evaporation 13
液体变成气体的过程。

凝结 condensation 13
气体变成液体的过程。

水循环 water cycle 14
水从地表进入大气，又回到地表的运动过程。

降水 precipitation 15
降落到地表的水，如雨、雪、雨夹雪或冰雹。

预测 predicting 18
预先对将要发生的事情进行的推测。

推论 inference 29
根据事实、经验、观察和知识得出的结论。

天气 weather 31
室外大气的状态，包括温度、风、云和降水。

大气 atmosphere 32
包围着地球的一层空气，是混合气体。

污染 pollution 35
使环境变脏的废弃物。

飓风 hurricane 38
形成于海洋上的巨大而强烈的风暴。

龙卷风 tornado 38
旋转的漏斗状空气柱，下部与地面相接，其强风会造成破坏。

暴风雪 blizzard 39
伴随着低温、强风、强降雪和高吹雪的一种冬季风暴。

矿物 mineral 55
由非生命物形成的自然物质。

岩石 rock 55
由一种或多种矿物组成的天然固态非生命物质。

岩浆岩 igneous rock 56
熔化的地球物质冷却凝固形成的岩石。

沉积岩 sedimentary rock 56
成层堆积的松散沉积物固结而成的岩石。

变质岩 metamorphic rock 57
原有的岩石受到高温和压力改造形成的新型岩石。

腐解 decay 62
物体分解或腐烂。

养分 nutrient 62
植物生长所需的物质。

土壤 soil 62
地表的一部分，由腐殖质和风化的岩石组成，植物在其中生长。

壤土 loam 65
腐殖质与砂粒、粉粒和黏粒矿物材料混合组成的土壤。

顺序 sequence 77
事件发生的次序。

地壳 crust 79
地球的最外层。

地幔 mantle 79
地球的中间层，位于地壳下方。

地核 core 79
地球的核心部分，位于地球的最内部。

地貌 landform 80
地壳表面的一种自然特征。

熔岩 lava 82
地表上高温、熔化的岩石。

岩浆 magma 82
地下深处形成的高温、熔化的岩石。

火山 volcano 82
地壳上的缺口，高温、熔融物质从中喷发而出。

地震 earthquake 84
地壳中突然的移动变化引起的地壳震动。

风化 weathering 86
使岩石崩解或分解成碎块的各种作用过程。

侵蚀 erosion 88
风化物移动的过程。

分类 classifying 100
把物体、事件和生物按照种类、等级或性质进行归类。

比较 compare 101
说明事物之间的相同之处。

对比 contrast 101
说明事物之间的不同之处。

自然资源 natural resource 103
生物需要的自然材料，例如土壤、木材、水、空气、石油或矿物质。

可再生资源 renewable resource 103
像阳光那样用之不竭的资源，或者在较短的时间内可以自然再生的资源，例如树木。

不可再生资源 nonrenewable resource 104
一旦用尽，就无法再生的资源。

保护资源 conservation 106
合理利用自然资源。

循环利用 recycle 110
处理或加工物品，使其可以再次利用。

丛书作者

蒂莫西·库尼博士
艾奥瓦州锡达福尔斯市
北艾奥瓦大学
地球科学与科学教育
教授

吉姆·卡明斯博士
加拿大多伦多市多伦多大学
课程与教学系
教授

詹姆斯·弗勒德博士
加利福尼亚州
圣地亚哥州立大学
教师教育学院
文化与语言杰出教授

芭芭拉·凯·福茨，教育学硕士
得克萨斯州休斯顿市
科学教育顾问

M. 詹妮丝·戈德斯通博士
亚拉巴马州
塔斯卡卢萨亚拉巴马大学
基础教育项目系
科学教育副教授

雪莉·戈尔斯通·基博士
田纳西州孟菲斯市孟菲斯大学
教育学院教育与课程领导系
科学教育副教授

黛安娜·拉普博士
加利福尼亚州
圣地亚哥州立大学
教师教育学院
阅读与语言艺术杰出教授

谢里尔·A. 默西埃
加利福尼亚州邓拉普小学
课堂教师

卡伦·L. 奥斯特伦，哲学博士
得克萨斯州奥斯丁市
得克萨斯大学自然科学学院
科技工程数学类教师培养项目专家

南希·罗曼塞博士
加利福尼亚州
佛罗里达大西洋大学
查尔斯·E. 施密特科学学院
科学教育教授
兼
美国国家科学基金会 / 国际教育成就评价协会与美国教育专家考试中心联合研究院
科学项目主要研究者

威廉·泰特博士
密苏里州圣路易斯市
华盛顿大学
教育系教育与应用统计学
教授兼系主任

凯瑟琳·C. 桑顿博士
弗吉尼亚州夏洛茨维尔市
弗吉尼亚大学
工程与应用科学学院教授
前美国国家航空与航天局
宇航员

利昂·尤肯斯博士
马里兰州陶森市陶森大学
天文物理与地理科学系
荣誉教授

史蒂夫·温伯格
康涅狄格东哈特福德
康涅狄格高新技术中心
顾问

顾问作者

迈克尔·P. 克伦奇博士
加利福尼亚州埃尔森特罗市
埃尔森特罗小学学区主管

科学内容顾问

弗雷德里克·W. 泰勒博士
得克萨斯州奥斯丁市
得克萨斯大学
地球物理学学会 / 杰克森地球科学学院
高级研究科学家

露丝·E. 巴斯柯克博士
得克萨斯州奥斯丁市
得克萨斯大学生物科学学院
高级讲师

克利夫·弗罗利希博士
得克萨斯州奥斯丁市
得克萨斯大学
地球物理学学会 / 杰克森地球科学学院
高级研究科学家

布拉德·埃默斯基
得克萨斯州奥斯丁市
得克萨斯大学
麦克唐纳天文台

NASA 内容顾问

阿蒂娜·威廉斯·劳斯顿，哲学博士
首要教育办公室成员
首席教育官

克利福德·W. 休斯敦，哲学博士
首要教育办公室成员
教育项目副首席教育官

弗兰克·C. 欧文斯
首要教育办公室成员
高级政策顾问

德博拉·布朗·比格斯
教育引导部门太空行动任务
教育飞行项目办公室经理

埃丽卡·G. 维克
教育飞行项目办公室
美国国家航空与航天局与培生斯考特福斯曼之间联络人

威廉·E. 安德森
航空学研究任务部门
教育合伙经理

阿妮塔·克里希纳穆尔蒂
太空科学教育外展项目
项目规划专家

邦尼·J. 麦克莱恩
太空探索系统任务部门
教育部长

黛安娜·克莱顿，哲学博士
地球科学教育
项目专家

德博拉·里韦拉
美国国家航空与航天局总部
公共事务办公室
公共事务官员

道格拉斯·D. 彼得森
美国国家航空与航天局
约翰逊太空中心
宇航员办公室 / 公共事务办公室
公共事务官员

妮科尔·克卢捷
美国国家航空与航天局
约翰逊太空中心
宇航员办公室 / 公共事务办公室
公共事务官员

中文版科学顾问

高爽

北京师范大学天文系讲师，博士

科普作家、翻译

中国天文学名词审定委员会成员

“在我的教学和科普经验里，给低年级小学生讲月相的变化和成因，是‘不可能完成的任务’。但这套书竟然做到了，不仅简单，而且引人入胜，丝毫不丢失科学细节和严谨性，难能可贵。因此，我强烈建议中小学校和科普机构参考这套书的结构和叙事方式。我们可以从中学到的不仅是天文知识，对学生来说，这套书用神奇的方式打开新世界，这个方式就是体验和讲故事；对教师来说，这套书是与以往不同的教学模式，这个模式就是将复杂的科学简单化、生动化。这是我们应该努力探索的道路，这套书做到了。”

黄晓东

澳大利亚皇家墨尔本理工大学教授，博士后

澳大利亚科学院优秀学者

“这套美国小学通用科学教材浅显易懂，内涵丰富，是套非常棒的科学启蒙读物。它通过大量的问题、图片和体验式实验，引导孩子们观察、推理、预测、交流、测量、排序、比较、分类、调查、建立模型以及得出结论，在动手操作中培养孩子们的科学探究精神和科学批判性思维。”

贾鹤鹏

知名科学记者与科学传播学者

中科院《科学新闻》杂志原总编辑，主任编辑

原美国麻省理工学院科学新闻研究员

“科学始于梦想；睿智源于求知。”

卢明辉

南京大学现代工程与应用科学学院教授，博士

国家自然科学二等奖获得者

“将一件繁复的事情讲简单，是一件非常了不起的事情；将一个科学问题，用引人入胜、童话般的语言娓娓叙述，不仅需要过人的功力，还得保有一份难得的童心。正是这种脱胎于人类天性的烂漫童心才是人类最具有原始创新力的源泉。这套丛书在讲授通识科学的同时，将为孩子们装上想象力的隐形翅膀，飞翔在梦想的天空中。”

王永亭

上海交通大学生物医学工程学院教授，博士

科学松鼠会成员

儿童科普读物作者、翻译

“孩子总是好奇心十足，爱问问题。‘我从哪里来？’‘石头也是用种子种出来的吗？’这些宝贵的好奇心如果缺少珍惜和培养，慢慢地就会消失。如果家长能够和孩子一起阅读科学、讨论科学、动手实践，孩子的好奇心和探究的能力就会得到滋养。《美国科学》这套丛书，有精美的图片、准确的语言、恰当的问题、容易执行的实践活动，为家长和孩子一起学习科学提供了很好的工具。打开书，和孩子一起体验科学之美吧。”